Fundamentos da Macroeconomia

Fundamentos da Macroeconomia

2020

Edson Peterli Guimarães

ACTUAL

FUNDAMENTOS DA MACROECONOMIA
© Almedina, 2020
AUTOR: Edson Peterli Guimarães
EDITOR DE AQUISIÇÃO: Marco Pace
REVISÃO: Camila Loricchio
DIAGRAMAÇÃO: Almedina
DESIGN DE CAPA: Roberta Bassanetto
ISBN: 9788562937354

Dados Internacionais de Catalogação na Publicação (CIP)
(Câmara Brasileira do Livro, SP, Brasil)

Guimarães, Edson Peterli
Fundamentos da macroeconomia / Edson Peterli
Guimarães. -- São Paulo : Almedina, 2020.

Bibliografia.
ISBN 978-85-62937-35-4

1. Macroeconomia I. Título.

20-33070   CDD-339

Índices para catálogo sistemático:

1. Macroeconomia 339

Cibele Maria Dias - Bibliotecária - CRB-8/9427

Março, 2020

EDITORA: Almedina Brasil
Rua José Maria Lisboa, 860, Conj.131 e 132, Jardim Paulista | 01423-001 São Paulo | Brasil
editora@almedina.com.br
www.almedina.com.br

Sumário

1.
Introdução

A PUBLICAÇÃO FUNDAMENTOS DA MACROECONOMIA foi construída para auxiliar o entendimento do mundo econômico atual. Muitas questões são incompreensíveis para muitos e as notícias e diálogos econômicos nos jornais, revistas e televisão, em alguns casos, geram mais confusão e divergências do que contribuem para um consenso acerca dos aspectos discutidos. O problema não é a reportagem em si ou o debate apresentado, mas sim que, na maioria das vezes, as questões se revestem de nuanças ideológicas pertencentes às distintas escolas do pensamento econômico. As manifestações ideológicas se encerram na disputa velada, em alguns casos explícita, entre classes e subgrupos sociais por maior parcela do produto social. Muitos dos problemas econômicos, apontados pela macroeconomia, resultam justamente desse embate entre classes e estamentos sociais perseguindo maiores recursos, rendas e posições privilegiadas no seio da sociedade para obtenção de benesses produzidas no âmbito do Estado. Considerando apenas o mundo econômico, os conflitos inerentes à marcha capitalista criam desarmonias que se manifestam nos preços da mão de obra, dos ativos financeiros e monetários, das outras moedas (taxa de câmbio), dos serviços públicos, dos produtos industriais e agrícolas e demais bens e serviços.

Ao longo do século XX até os nossos dias, o estudo da economia avançou muito aprumando argumentos úteis às formulações de políticas de ajustamento macroeconômico. De fato, foi-se ordenando fundamentos teóricos justificados por axiomas e paradigmas oriundos de economistas notórios das escolas de Chicago, Harvard, Berkeley, Cambridge e outras.

Quase todos nos remetem aos ensinamentos de John Maynard Keynes, de origem inglesa, que sintetizou seu pensamento no livro "A Teoria Geral do Emprego, do Juro e da Moeda", publicado em 1936, justamente no contexto da grande depressão norte-americana nos anos 1920/1930.

A principal preocupação de Keynes, no julgamento de seus escritos, era o desemprego persistente e elevado, cuja teoria econômica clássica daquela época não dava conta de explicar de modo satisfatório. Seu livro estabeleceu novos paradigmas demonstrando que a instabilidade dos investimentos era a causa primordial das flutuações econômicas. Na recessão, ele demonstrou que, a poupança se torna demasiadamente elevada em relação às expectativas de sua valorização real proporcionada pelo curso normal das expectativas de lucros futuros. Nos momentos de depressão as pessoas preferem reter moedas, aumentando a ociosidade do setor produtivo e desestimulando os investimentos. O Estado, advogou Keynes, deveria promover o carreamento dessa renda não gasta nos momentos de crise para favorecer o setor privado que estaria com elevada ociosidade. Keynes propôs, então, a utilização de déficits orçamentários e emissão de títulos públicos para acolher a renda não gasta do setor privado, dando-lhe destino adequado à redução da capacidade ociosa da economia, por meio de compras governamentais e incentivando novos investimentos.

No início do século XX, entretanto, acreditava-se que a política econômica mais auspiciosa deveria ser não intervencionista. O mundo governado pelo livre jogo das forças de mercado, no qual o papel do Estado se restringe a dar bom termo aos contratos entre entidades sociais e aprumar funções relacionadas ao bem-estar de seus povos era entendido como a melhor política. As propostas de Keynes foram, portanto, encaradas como verdadeiras heresias pelo meio acadêmico, provocando ruidosas manifestações críticas, ao mesmo tempo que outros pensadores apoiaram suas hipóteses e discernimentos[1]. De fato, situações nas quais o gasto governamental fosse além da arrecadação tributária eram raras e aconteciam por forças relacionadas a acontecimentos socialmente nefastos, como calamidades e guerras voltadas

---

[1] Dentre os economistas mais destacados da época que receberam com entusiasmo os escritos de Keynes, dando continuidade à sua obra, encontram-se Hicks, Harrod, Hansen e outros. Hayek, Pigou e Viner criticaram com bastante profundidade o trabalho de Keynes circunscrito à publicação da "Teoria Geral do Emprego, do Juro e da Moeda".

para garantia da soberania nacional. Geralmente o déficit, nestes casos, era financiado pelos mais ricos e era considerado por todos como natural que o Estado se endividasse frente a urgência dessas situações.

Atualmente, é voz corrente que muitos fundamentos macroeconômicos proporcionam a centralidade dos instrumentos e mecanismos governamentais de cunho fiscal e monetário para solução das flutuações econômicas em detrimento das funções de ajustamento econômico reservadas pelas forças dos mercados, simplesmente. A escola austríaca, cujo mentor foi Friedrich von Hayek, desde aquela época advoga o mercado como sendo o principal agente regulador para alcance de um destino econômico auspicioso. Os pontos de interseção entre os ensinamentos de Keynes, francamente intervencionista, e os de Friedrich von Hayek, francamente libertário, são tão suficientemente dispares, que apesar de estabelecer discussões e debates sob a melhor alternativa de construção de o mundo econômico, ficaram a margem da construção da macroeconomia atual.

A partir da segunda metade do século passado, duas grandes linhas de estudos macroeconômicos foram ganhando corpo, com independência em relação a escola austríaca. A primeira, dedicada a estilizar matematicamente a macroeconomia — economia keynesiana — e a segunda contemplando críticas às premissas e axiomas desenvolvidos por Keynes — monetaristas. Apesar de, em linhas gerais, o pensamento monetarista advogar a centralidade do mercado como entidade suficiente para aprumar as "estabilidades" econômicas, não faz parte de seu corpo teórico o pensamento liberal puro, quase anárquico, da escola austríaca.

As ramificações compartilhadas dos avanços da teoria macroeconômica proporcionadas por essas escolas são extensas e os economistas de cada corrente cultuam isoladamente, cada qual, as *verdades* que lhes são apresentadas e que soem ser diferentes entre si.

O ato de selecionar elementos comuns às distintas escolas macroeconômicas requer certa dose de ousadia e discernimento. Esse é um dos desafios dessa publicação. Algumas informações "periféricas" não foram abordadas, por conta de enfoques irreconciliáveis tratados em cada escola da teoria macroeconômica, mas esse é o ônus que se paga quando o objetivo é esclarecer os fundamentos macroeconômicos que governam o emprego, o nível de renda e a estabilização econômica. Esperamos que a releitura dos fundamentos macroeconômicos, a que se propõe essa publicação, auxilie o leitor a compreender o jogo econômico, no qual os gols marcados (produção de leis, normas e decretos legislativos) podem deixar algumas torcidas animadas, mas podem também desfavorecer outras, não contribuindo para atender a concórdia que deveria existir entre todos. Em alguns casos podem ser interpretados como gol contra fazendo surgir desastrosos movimentos sociais espontâneos. Se a leitura deste texto ajudar o leitor a fazer um prognóstico do resultado reconhecendo a organicidade inerente aos formuladores de política *(policy makers)*, bem como os interesses das instituições e entidades representativas das classes e de grupos sociais neste jogo, será um avanço e tanto.

1.1 O Enfoque Macroeconômico

A abordagem dos estudos macroeconômicos é geralmente orientada em duas direções ou numa combinação de ambas. A primeira é a linha filosófica que admite o conhecimento baseado em fatos e experiências tratados por meio de um formalismo lógico-matemático. Essa linha corresponde ao que denominamos de *economia positiva*. A segunda parte do princípio da prevalência do julgamento dos fatos, com os quais se formulam as políticas econômicas. A esta linha de ação política, na qual impera o reino das paixões e fidelidades, denominamos de *economia normativa*.

A economia positiva preocupa-se com a descrição de fatos, circunstâncias e relações na economia. Qual a taxa de desemprego atual? Como um nível mais elevado de inflação afeta o emprego dos fatores de produção? Em que medida um imposto sobre a gasolina afeta o seu consumo? Estes são alguns exemplos de problemas que apenas podem ser resolvidos com referência a fatos, sendo determinados geralmente de forma empírica. Podem ser problemas fáceis ou complicados, mas todos se situam na esfera da economia positiva.

Os resultados originados pela investigação da economia positiva são julgados ensejando ações dos poderes públicos. Assim, a economia normativa é uma consequência lógica da investigação econômica factual que oferece as oportunidades para se criar normas, preceitos, leis e toda sorte de mecanismos e instrumentos utilizados, para influenciar a conduta social nos aspectos relativos ao mundo econômico.

Qual o nível de inflação que deve ser tolerado? Deverão os impostos afetar mais os ricos para ajudar os pobres? Deverá a despesa com o setor de saúde pública continuar a ser financiada por uma Contribuição Provisória sobre Movimentação Financeira (CPMF)? Estas são algumas questões que têm valores profundamente enraizados e julgamentos de natureza moral. Podemos discuti-los, mas não resolvê-los por meio da ciência ou evocando os fatos geradores. Não existem respostas certas ou erradas acerca do nível inflacionário socialmente tolerado, do nível de pobreza admitido pelo demais, ou, ainda, do nível de gastos com a saúde pública suportado por todos. Estes problemas são resolvidos de acordo com as opções políticas.

1.1.1 O Método

O princípio básico da economia é a possibilidade de todos fazerem escolhas e tomarem decisões baseadas em uma multiplicidade de fatores limitantes. Os diversos tipos de bens e serviços escolhidos são somados por categorias de uso dando origem aos agregados econômicos, cujos principais são: consumo das famílias e das empresas (investimento); vendas externas (exportação); compras dos residentes no país de mercadorias fabricadas em outros países (importação); receitas, gastos e dívidas do governo; poupança (ativos monetários e financeiros) e contas do balanço de pagamentos. A macroeconomia é uma disciplina funcional que procura desvendar justamente a influência que os agregados possuem na determinação do emprego e da renda nacional. Seu estudo se divide em dois ramos: o mercado real e o mercado monetário-financeiro.

A macroeconomia caminha centrada na ideia de que as variações na liquidez do sistema econômico alteram os preços, pelo menos no curto prazo, e portanto influenciam as escolhas, dos indivíduos, das instituições públicas e privadas e demais entidades governamentais, que formam os agregados econômicos. Contribuem para as flutuações econômicas as decisões mantidas por todos, geralmente em linhas distintas, entre manter ativos de liquidez universal, como moedas e outros ativos financeiros (para especular) e ativos com pouca liquidez, de destino específico, como os bens de capital (investimentos) cujo valor tende zero, se o investimento for mal sucedido. Temos ainda as preferências com respeito à aquisição de ativos não reprodutíveis, como obras de arte, propriedades "suntuosas" e toda sorte de bens que enseje valorização pelo espírito humano. Por isso, os mercados de bens e serviços e o monetário-financeiro são tratados de modo compartilhado. Todas as coisas "reais" em economia tem preços cotados hoje (preço monetário) que podem ser fixados também no futuro (preço financeiro). A investigação de como o mercado real e o mercado monetário-financeiro se correlacionam no curto prazo vem sendo estudada para revelar aspectos que contribuem para a determinação do emprego e da renda nacional. O estudo da macroeconomia avançou para incluir a ideia de ajustamentos macroeconômicos no longo prazo, para estabelecer ponderações com respeito:

- às causas do crescimento econômico;
- ao alcance dos aspectos monetários para a estabilidade de preços;
- às implicações macroeconômicas para a distribuição de renda; e
- às relações econômicas do país com o resto do mundo representadas no balanço de pagamentos.

Além de John Maynard Keynes ser reconhecido como o "pai da macroeconomia", um autor que desenvolveu princípios semelhantes aos dele na mesma época foi Michal Kalecki, de origem polonesa, versado nos estudos da economia política de cunho marxista. Autor do livro "Esboço de uma Teoria de Ciclo Econômico" publicado em 1933, com roupagem diversa da utilizada por Keynes, contemplou aspectos seminais da dinâmica capitalista contidos também na interpretação keynesiana sobre o mundo econômico. Nesta época, eles não se conheciam e muito menos os trabalhos um do outro.

1.1.2 Valor em Economia

Os fatos econômicos gravitam em torno de duas indagações: o que é valor em economia e qual a sua origem? Essas duas questões correlatas foram tratadas ao longo da história do homem com centralidade presente na busca pelo poder. O poder significa o mando que uns exercem sobre os outros e historicamente foi constituído de vários modos. Nos primórdios da humanidade, e ainda em certas localidades que preservam costumes e hábitos antigos, o poder não se caracteriza por um fenômeno econômico. A sabedoria dos anciãos, a força de alguns membros da comunidade vencendo inimigos externos, a possibilidade de dialogar com o sobrenatural e as forças da natureza que alguns membros possuíam, aos olhos dos demais, são expressões de poder que se estabelecem ao largo de quaisquer eventos econômicos. Por outro lado, se a fonte de valor se localizava na distinção dos atributos pessoais que cada qual tinha, o valor propriamente dito e sua dimensão estava inserido na realização dos desejos, com forte conteúdo material, dos seres humanos.

Como resultado lógico, o poder se manifesta em quem controla a produção e a distribuição dos bens e serviços disponíveis a coletividade. Um produtor independente produzindo para si e sua família pode manter-se distante do exercício de poder. Quando, entretanto, produz uma quantidade de bens além da necessária à sua sobrevivência e de sua família, ocasionado inicialmente por algum evento auspicioso, como uma colheita excelente ou pelo descobrimento de um processo produtivo mais eficaz de extração de riqueza do solo, tipo o arado puxado por animais e posteriormente estabelecido por força mecânica, cria-se um excedente econômico; uma parcela de bens além daquela necessária à reprodução da família.

A existência de um excedente econômico frutifica disputas e acirramentos. Todos querem se apropriar dessa parcela do excedente, uma vez que ela passa a ser fonte de valor, pois com ela pode-se empreender novas produções, contratando mão de obra, capital e recursos naturais[2]. A fé sancionada pela igreja e o vislumbre que a nobreza proporcionava aos súditos se traduziam, em muitos casos, em fonte de valor e com eles a igreja e a nobreza se apropriavam do excedente, vendendo entradas para o céu e proteção na terra, respectivamente.

Com a divisão natural do trabalho, a humanidade alcançou taxas de crescimento do produto cada vez mais expressivas. A especialização pro-

---

[2] Esta questão nem sempre foi estabelecida dessa maneira. Algumas comunidades quando percebiam a existência de um excedente econômico promovendo poder a uns em detrimento de outros, davam festas grandiosas de modo a consumi-lo rapidamente para que o exercício do poder não se manifestasse, enaltecendo a harmonia e a concórdia entre os membros da coletividade. Muitas comunidades indígenas ainda exercem essa prática. Ver HARARI, Y. N. *Uma Breve História da Humanidade,* L&PM, Porto Alegre. 2015 e KOPENAWA, D. A Queda do Céu, Ed. Companhia das Letras, 2015, para o tratamento do excedente dado pelos indígenas.

dutiva que se seguiu, entre os séculos XVII e XIX, contribuiu para a extinção da posse pelo trabalhador independente de suas ferramentas e instrumentos de trabalho, dando lugar a outros processos de trabalho mais elaborados e adequados ao crescimento do produto.

Do ponto de vista factual, a fonte geradora de valor mudou, conquanto grupos e classes sociais se afirmaram regional e historicamente. Em algumas comunidades primitivas a fonte de valor, como dito, estava na força de alguns para o combate e defesa de sua comunidade frente a tribos inimigas. Os mais fortes definiam a) as atividades dos demais, b) quais os produtos e serviços produzidos e c) como eles seriam valorizados e distribuídos. Em outras comunidades antigas, o valor econômico era inerente à sabedoria dos anciãos, ou àqueles que obtinham respostas conversando com os deuses e com a natureza (pajé e cacique das tribos indígenas, por exemplo). No período feudal, a terra era a fonte de valor, pois se tinha certeza por demonstração que da natureza se extraía a riqueza necessária a todos os seres vivos. A nobreza garantia a realização dos seus interesses (seu valor), por meio de um sistema de convicções morais, religiosos, políticos e econômicos que racionalizavam o mundo, mantendo cada qual com o seu qual: um ferreiro não almejava ser rei e um carpinteiro em ser ferreiro, e assim todos se conformavam com o seu qual. Pelo ordenamento das coisas nesta época, nenhuma pessoa almejava, pelo fruto de seu trabalho, enriquecer.

Já no mercantilismo, os metais preciosos trocados pelos produtos da "terra" encerravam o valor. É o período das grandes navegações e o exercício do poder está diretamente correlacionado à quantidade de metais preciosos obtidos nas minas auríferas, pelo livre jogo das forças de mercado e pela extração de metais preciosos pelas metrópoles nas suas colônias. As mercadorias produzidas ou colhidas nas colônias foram dirigidas exclusivamente aos mercados em um circuito de trocas plenamente favorável à acumulação de metais preciosos nas metrópoles. A exploração das colônias por meio de saques, especulação comercial, tráfico de escravos e monopólios mercantis propiciaram enormes oportunidades de enriquecimento nas metrópoles, fortalecendo a nobreza, mas ao mesmo tempo encetando o surgimento de uma classe de comerciantes próspera e ávida pelo poder. Marx chamou esse processo de transferência do dinheiro das colônias para as metrópoles de acumulação primitiva de capital.

A procura cada vez mais incessante de produtos destinados à troca deu lugar ao capital industrial que se consolidou com a Revolução Industrial na Inglaterra. No mercantilismo o lucro consistia em produtos comprados baratos e vendidos com um *plus* (lucro). Da quantidade de bens disponíveis para desempenhar essa função dependia o lucro total do mercador. Assim, essa quantidade foi sendo aumentada por meio do trabalho humano subjugado de diferentes modos historicamente instituídos. Inicialmente o *mercador* passou a contratar o camponês e seus familiares para produzir artefatos, peças, utensílios, tecidos e toda sorte de bens com destinação certa e segura para troca, mediante um pagamento. Posteriormente, com o intuito de controlar o processo produtivo, foram criadas oficinas: verdadeiros galpões onde os camponeses e familiares se dirigiam para exercerem suas habilidades produtivas para fazer diversos bens, sob a visão do mestre ou empreendedor do ofício.

Naturalmente, uma vez os trabalhadores agrupados, foi sendo instituída uma divisão do trabalho para a confecção dos bens. Apercebeu-se que repartindo o processo de construção da mercadoria em funções específicas por grupos de trabalhadores, e controlando ao mesmo tempo a justaposição das partes e peças para finalizar o produto, o rendimento em termos de quantidade e tempo era sobejamente maior. O alcance final dessa modalidade produtiva organiza a produção sob a denominação de manufatura. Com a divisão do trabalho, o trabalhador deixa de utilizar todas as suas ferramentas exercendo funções cada vez mais específicas, sob o domínio de novas ferramentas especializadas fornecidas pelo dono do empreendimento: capitalista, na versão marxista. Daí o nome manufatura: fazer com as mãos, pois ao trabalhador só lhe resta a posse de suas mãos para efetuar/submeter-se ao trabalho e com o ganho salarial: sobreviver.

Com a Revolução Industrial inaugura-se uma nova era. O sentido econômico da revolução industrial foi o de por termos aos limites existentes na produção manufatureira. As ferramentas que na manufatura funcionavam como extensões das mãos, braços, pernas e pés do corpo humano — serrote, martelo, lixa, chave de fenda, alicate e outras — são substituídas por aparelhos motrizes; máquinas que quando acionadas por um dispositivo desempenham as mesmas funções das ferramentas de maneira muito mais rápida e incessante. A Revolução Industrial disciplinou a produção criando uma grande indústria produtora de bens de capital que cria máquinas, que vão criar outras máquinas, e assim sucessivamente, cada qual mais sofisticada que a anterior. Diante disso, a produção capitalista não tem limites técnicos para sua expansão. O aprofundamento do modo de produção capitalista, ao longo do tempo, vai afastando os trabalhadores da produção social em favor de uma produção constituída por máquinas, cada vez mais independentes do trabalho humano. Pode parecer estranho, mas é isso mesmo: cada vez mais o ser humano deixa o esforço de seu trabalho para que as máquinas os executem com eficiências declaradas e algoritmos cada vez mais sofisticados[3].

Desse modo, historicamente o conceito de valor deslocou-se de sua origem mercantil para ser dimensionado em *trabalho incorporado* nas mercadorias. Apesar do elemento mais geral da produção ser o trabalho humano, foi a partir do estudo do processo de construção da mercadoria que a teoria do valor-trabalho foi elaborada. Adam Smith, Thomas Malthus, David Ricardo e John Stuart Mill são pensadores clássicos que viveram nos séculos XVIII e XIX estabelecendo as bases para formular uma teoria do valor-trabalho: os frutos do trabalho humano se incorporam nas mercadorias destinadas às trocas. Karl Marx consolidou a teoria do valor-trabalho: o trabalho incorporado à mercadoria constitui um valor maior do que o gasto dedicado pela força de trabalho a sua criação. Essa diferença é o excedente econômico. Assim, no capitalismo, quem possui a parcela de trabalho incorporado que excede o trabalho pago, necessário a sobrevivência coletiva, comanda as novas produções onde novos trabalhos se encorparam e assim, de modo sucessivo, o excedente econômico vai sendo construído.

O jogo das forças de mercado levado avante realiza monetariamente o excedente econômico e funcionalmente a distribuição da totalidade dos bens e serviços.

A macroeconomia convencional não discute essas questões. Na virada do século XX, pensadores econômicos construíram um conceito de valor econômico fundeado no prazer e na dor estabelecendo os desejos do ser humano como a principal característica para valorar os bens e serviços. Esses pensadores são denominados de economistas neoclássicos.

---

[3] Ver HARARI, Y. N. *Homo Deus: uma Breve História do Amanhã*, Companhia das Letras, São Paulo, 2016.

Essa nova concepção de valor significou uma reviravolta de 180 graus na teoria econômica e sua aderência aos estudos econômicos é presente até os dias de hoje. A medida de valor econômico corresponde à intensidade dos desejos humanos pelos bens e serviços, formando os respectivos preços. A intensidade do prazer que um bem proporciona a alguém está relacionada à dor sentida pelos demais por não poder tê-lo. Tudo isso se manifesta em atos de compra e venda. Para os neoclássicos, as relações sociais de produção seguem em segundo plano subjugadas, não pela geração de renda e lucro, senão pela criação de bens e serviços que realizam desejos humanos.

As relações funcionais dos agregados econômicos reais e monetários-financeiros são operadas com proficiência, sem discutir relações de poder no sistema econômico, apoiadas totalmente na teoria neoclássica de valor. Para caracterizar os fundamentos da macroeconomia, contudo, a questão do valor é essencial. A contextualização de muitos dos fatos econômicos deriva dessa disputa pelo poder constituído pela posse de excedentes econômicos. A complexidade da produção de bens e serviços no sistema capitalista acondiciona ciclos econômicos acompanhados de ciclos políticos, com os quais os instrumentos e mecanismos macroeconômicos dialogam, justamente em busca de uma estabilidade político-econômica, que por isso mesmo não é perene e nem produto de concórdias.

1.1.3 Os Ciclos Econômicos

O processo de transformação econômica propicia requintes substanciais na criação de novos produtos e novas tecnologias, cujo alcance final ainda precisa ser determinado. Somos constantemente surpreendidos com novos serviços, produtos e processos de produção, cada vez mais customizados. A produção, do ponto de vista técnico, pode de fato crescer infinitamente, na perspectiva das habilidades humanas intermediadas pelos avanços das tecnologias que o sistema capitalista proporciona. Contudo, esse processo forja um movimento pendular do sistema econômico: ora fixando rendas e empregos em patamares inferiores àqueles requeridos para o escoamento do produto, ora determinando patamares superiores ao solicitado pelas condições e circunstâncias econômicas, propiciando um sistema econômico instável. Desse modo, o crescimento da renda no longo prazo ocorre sob a recorrência desse movimento pendular. Assim, as crises no sistema capitalista acontecem muito mais por excesso de produção do que por falta, em uma sequência cujo fim se assemelha a uma obra de ficção científica.

Os empresários aumentam a produção acima da demanda, por conta do espírito concorrencial presente no mundo econômico. Cada empresário desconhece as ações planejadas dos outros criando expectativas de lucro crescente e assim propiciam uma oferta agregada superior à demanda. No período seguinte, haverá uma contração dos investimentos por conta da existência de estoques não vendidos anteriormente. A persistência desse comportamento impele o sistema econômico a descompassos entre oferta e demanda ao longo do tempo, caracterizando um movimento pendular: os ciclos econômicos.

As crises são, assim, constituídas por superproduções engendradas pelos processos de concorrência e centralização do capital, cuja existência reside de modo anárquico com quais todos disputam por maiores parcelas do produto social. Para Karl Marx as crises resultam da dissociação entre a produção e o consumo; entre a esfera da produção e da circulação de mercadorias (mercado).

Nessa sequência de ações para a criação de bens e serviços, a moeda não somente serve como veículo das trocas, mas cumpre a função de representar o poder de compra "acumulado" ao longo da história. Esse poder de compra acumulado, representando os patrimônios da humanidade, cuja posse se distribui entre todos, mas, por características inerentes ao capitalismo, de forma desigual, pode ter sua expressão monetária superior ou inferior à base material existente. Esse fenômeno é possível por meio das relações de débitos e créditos instituídas no sistema monetário-financeiro que podem se distanciar da esfera produtiva por meio de alavancagem de ativos financeiros. Nessa análise reside o (des)encontro entre o mundo real (físico) e o monetário-financeiro.

Contudo, para Keynes os desajustes do sistema econômico não resultam do padrão de produção capitalista, com suas relações sociais básicas, mas de comportamentos indesejados refletidos na variação da taxa de juros, na menor eficiência marginal do capital, na insuficiência de renda para fortalecer o consumo de bens finais e dos investimentos. O processo de valorização da riqueza por meio do sistema financeiro tem enfrentado óbices para realizar o valor demandado pelo sistema econômico, criando novas formas de valorização, em muitos casos de modo fictício.

As "bolhas econômicas ou financeiras" que acompanham o sistema econômico atual são oriundas de (des)ajustes inerentes ao modo de produção capitalista. São movimentos especulativos que promovem a valorização fictícia do valor acumulado ou dinheiro excedente — poder de compra. Os patrimônios da sociedade acumulados ao longo do tempo podem não encontrar oportunidades, quando monetizados, para valorizarem-se, justamente porquanto a expansão produtiva se localiza acima da demanda existente. Assim, no limite, determinados ativos terão seus preços aumentados *em ondas* por processos especulativos que procuram valorar a riqueza existente, ou parte dela. Geralmente não percebemos o efeito ilusório da majoração de preços. Quando alguns detentores desses ativos iniciam o processo de desincorporação, se desfazendo deles, ocasionando a queda dos preços, é que percebemos a riqueza se contraindo em direção aos valores iniciais, geralmente se concentrando em mãos de poucos.

A história é rica em exemplos de movimentos especulativos que prenunciaram crises econômicas. A mais abrangente e duradoura foi a da bolsa de valores em Nova York em 1929, suportada durante a Grande Depressão nos Estados Unidos. O reconhecimento pela sociedade de que a base material existente era insuficiente para executar a série de contratos de débitos e créditos que havia se formado, induzida pela elevada rentabilidade dos ativos financeiros, foi o estopim para a crise econômica norte-americana. Guardadas as proporções, esse evento se repete com a valorização dos derivativos financeiros em 2008/2009 nos Estados Unidos. Valorizações fictícias surgem justamente para realizar parcelas do excedente acumulado, como foi o caso do preço dos imóveis no Brasil na década de 2010 e no Japão na segunda metade da década dos anos de 1980. A majoração dos preços de alguns recursos naturais como o petróleo durante os anos de 1970 é outro exemplo destacado, no qual a maioria dos países produtores de petróleo quadruplicou o seu preço. A segunda-feira negra em 1987, quando se reconheceu que os preços das ações de muitas empresas norte-americanas estavam majorados engendrou um processo de venda desses ativos bastante agressivo. A crise das empresas "ponto com" em 2000 que descortinou a valorização ilusória das empresas de tecnologia avançada, também pode ser mencionada como evento que aconteceu justamente por valorização fictícia dos processos da área de tecnologia de informação. A especulação das tulipas holandesas no século XVII é caracteristicamente o mais antigo e burlesco dos processos especulativos: o preço das tulipas aumentou em mais de 20 vezes em um único mês.

Keynes estruturou o pensamento macroeconômico de modo operativo justamente para referendar políticas estabilizadoras dos movimentos cíclicos do sistema econômico, através da atuação governamental para aproximar as ofertas e demandas agregadas. Por um lado, se distanciou do pensamento convencional da escola clássica e neoclássica no qual a demanda era sempre igual à oferta, com pleno emprego de recursos. Além disso, isentava o mundo econômico das relações sociais que se estabelecem por conta do processo de valorização econômica. Propôs desse modo políticas favorecendo a concórdia entre os grupos sociais, por meio de ações governamentais direcionadas à promoção do pleno emprego; objetivo político desejável por todos em qualquer sociedade capitalista.

1.1.4 Estrutura

O próximo capítulo apresenta os antecedentes da macroeconomia. Um breviário dos aspectos econômicos compartilhados do pensamento econômico clássico e neoclássico. As ideias acerca das economias dos pensadores Adam Smith (1723-1790), Thomas Malthus (1766-1834), Jean-Baptiste Say (1767-1832), John Stuart Mill (1806-1873), David Hume (1711-1776), David Ricardo (1772-1823) e Karl Marx (1818-1883) são resumidas conjuntamente, pois a partir delas os princípios macroeconômicos de Keynes e Kalecki são construídos por justaposição. O pensamento (neo)clássico que se inicia, logo após o final do século XIX, apoia-se na concepção do mundo econômico clássico. A harmonia e a concórdia prevalecem no pensamento dessas escolas desalojando quaisquer conflitos sociais, excetuando o pensamento de Marx. Os economistas percursores da escola neoclássica são, dentre outros: Carl Menger (1840-1921), Stanley Jevons (1835-1882), Léon Walras (1834-1910) e Alfred Marshall (1842-1924). Com o trabalho de Keynes, os economistas neoclássicos criaram novas bases para a macroeconomia, transformando seus axiomas e conjecturas em linguagem matemática. A essa linha de pesquisa deu-se o nome de economia keynesiana.

O terceiro capítulo contextualiza o nascimento da macroeconomia no início do século XX e as escolas de pensamento macroeconômico que surgiram após os aspectos seminais de Keynes e Kalecki serem apresentados. No quarto capítulo tem-se a discussão original acerca do excedente econômico. A ideia é contribuir para o estudo da macroeconomia demonstrando que muitos dos problemas se originam por conta da existência dessa categoria econômica. O contexto histórico da formação do excedente econômico é resumidamente recuperado para revelar que no capitalismo seu potencial de crescimento depende essencialmente da demanda efetiva.

No quinto capítulo estudamos as contas nacionais e a construção dos agregados macroeconômicos. Um corpo metodológico sistematizado para *contar* a produção dos países somente apareceu nos anos 20 do século passado. Anteriormente existiam metodologias rudimentares cujos resultados eram pouco confiáveis. Uma contabilidade adequada e consistente das contas nacionais era fundamental para a aplicação do receituário de políticas macroeconômicas sugerido por Keynes na época.

Simon Kuznets foi o primeiro economista a construir indicadores para acompanhar o desempenho econômico, sua aplicação deu-se na economia norte-americana, no início dos anos 30 do século passado. Para somar produtos oriundos de diversas atividades, Kuznets utilizou os preços de mercado e ao fazê-lo teve que desconsiderar tudo aquilo que não envolvesse transação comercial, economicamente falando. Essa norma é utilizada até hoje. Ela enfraquece a consistência das contas nacionais reduzindo sua abrangência ao deixar de fora esforços individuais e coletivos que não são traduzidos em valores comerciais, mas são essenciais à vida econômica. Os trabalhadores informais e os trabalhos domésticos das donas de casa são exemplos de atividades cujo desempenho é fundamental ao mundo econômico e não são contabilizados para a construção dos indicadores de atividades econômicas[4].

O sexto capítulo apresenta aspectos funcionais dos agregados econômicos caracterizando os nexos existentes entre eles. O sétimo capítulo contém identidades contábeis básicas representando a macroeconomia em uma economia aberta e com governo.

---

[4] No Brasil, o prof. Antônio Dias Leite fez a primeira estimativa de Renda Nacional, pela Fundação Getúlio Vargas, publicada em 1951.

O oitavo capítulo discute os mercados de ativos monetários e ativos financeiros de uma economia convencional, bem como o papel da taxa de câmbio. A demanda e oferta por dinheiro são resumidas justamente para compartilhar os aspectos monetários com o lado real da economia.

2.
Antecedentes: a Escola (Neo)Clássica

A VISÃO DOS ECONOMISTAS CLÁSSICOS (séculos XVIII e XIX) e dos primeiros economistas neoclássicos (último quarto do século XIX e primeiro do século XX) era de um mundo econômico perfeito, harmônico e equilibrado. Esse mundo maravilhoso era construído com preços totalmente flexíveis que, subjugados pelas forças de mercado, harmonizavam-se para garantir o máximo bem-estar social. O comportamento interesseiro dos vendedores e dos compradores determinava o alcance do bem-estar social: "o leiloeiro", representando o mercado, somente finaliza a contenda batendo o martelo quando a negociação estabelece um preço que oferece o mesmo grau de satisfação para o comprador e o vendedor. Qualquer perturbação dessa ordem era inimaginável na visão dos economistas clássicos e se porventura ocorresse seria ocasional, passageira e sem importância. Para esses pensadores não existiam preços rígidos ou tabelados. O cerne da economia clássica eram os preços se ajustando rapidamente frente a quaisquer distúrbios econômicos.

A evidência empírica da grande depressão no início do século XX nos Estados Unidos mostrou que não era bem assim que funcionava o sistema econômico. O desemprego crescente, as falências, a queda nos negócios mais triviais e a perpetuação dessa situação caótica sem dúvida contribuíram para que Keynes e Kalecki construíssem os fundamentos da macroeconomia atual, com argumentos frontalmente contrários aos da escola (neo)clássica.

A teoria dos economistas clássicos (antigos) e neoclássicos (novos), com a qual se defrontou Keynes e Kalecki tinha fortes apelos. Além de propagar as forças de mercado como elemento central para o alcance do bem-estar social, desaloja da produção, representada por fatores técnicos, quaisquer conflitos sociais no mundo econômico[5]. A suposição clássica de que os preços são totalmente flexíveis garante que as forças de mercado orientem a economia para uma alocação total dos recursos produtivos. O mercado dos fatores de produção ajustaria os preços do capital, da mão de obra, da tecnologia e dos recursos naturais, até que o pleno emprego se estabelecesse. A *produção cria sua própria demanda*, era o pensamento original fundeado por Say no século XVIII. Com base nos pressupostos dessa escola, o emprego de mais recursos na produção adicional (Produto) gera rendimentos (Renda):

- pagamento de salários pela utilização de mão de obra;
- pagamento de juros pela utilização de capital;
- pagamento de aluguéis pela utilização de recursos naturais; e
- pagamento aos organizadores da produção por meio dos lucros auferidos.

O pagamento aos proprietários da constelação dos fatores produtivos são integralmente utilizados nas aquisições dos produtos de consumo final pelas empresas e pelas famílias[6]. Simples assim!

A Figura 1 ilustra esse esquema. A produção pode ser representada como resultado de uma máquina processadora, composta pelas empresas que fabricam:

- bens de capital, bens intermediários e outros insumos destinados ao aprimoramento da produção. São máquinas novas e de reposição,

---

[5] Excetua-se dessa concepção a linha marxista, sob a publicação original *O Capital* (1867) de Karl Marx, cujo enfoque central consiste justamente no conflito social entre trabalhadores e capitalistas engendrado na produção de bens e serviços no sistema capitalista. Ricardo em *Principles of Political Economy and Taxation*, de 1817, também observou a contradição entre os interesses dos rentistas frente aos donos de terras e a produção industrial, cuja lógica implica em estagnação econômica no longo prazo. Malthus, por seu lado, no seu *An Essay on the principle of population* (1826), apresentou desarmonias inerentes ao sistema econômico entre produção de alimentos e crescimento populacional, no qual o segundo crescia a taxas geométricas e a produção, a taxas simples, caracterizando um sério problema alimentar no longo prazo.
[6] Essa interpretação do mundo econômico teve uma aderência tão forte que ficou denominada de "A Lei de Say", ver MIGLIOLI, J. *Acumulação de Capital e Demanda Efetiva*, Biblioteca Básica de Ciências Sociais, vol. 2, 1ª Ed., São Paulo, T. A. Queiroz, 1991.

insumos e matérias-primas (re)elaborados, determinados serviços e toda uma gama de produtos comprados exclusivamente pelas *empresas*; e

- bens e serviços finais dedicados às *famílias*. Todos adquirem os bens e serviços que necessitam mediante compras nos respectivos mercados com as rendas auferidas por venderem seus fatores de produção (força de trabalho, capital, recursos naturais) à máquina processadora (empresas). Os empresários recebem rendimentos (lucros) também pelo esforço e risco de organizarem a produção.

Figura 1.

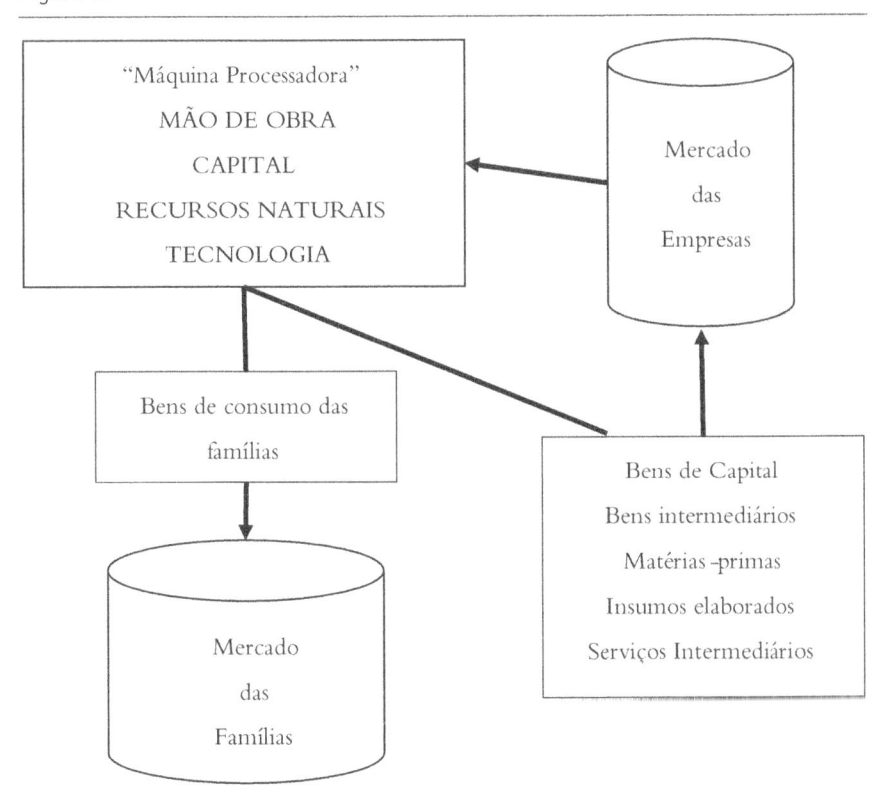

Os mercados onde comparecem as famílias e aqueles onde comparecem as empresas determinam os preços dos produtos em função das quantidades ofertadas e demandadas. Dessa interação surge a combinação mais rentável entre os fatores de produção para a criação dos bens de consumo das famílias e de investimento — intermediários e bens de capital. Nesse cenário, o alcance da produção é total e sua distribuição se revela justa e perfeita, pois as forças de mercados harmonizam os preços igualando os graus de satisfação entre consumidores e vendedores. Neste quadro, a ordem econômica se declara condicionada à existência de um equilíbrio imutável e único propiciado justamente pela busca de maximização do bem-estar individual.

2.1 A Moeda e os Preços na Economia Clássica

Para os clássicos, a moeda é simplesmente um meio de troca precificando os bens e serviços imediatamente quando, por qualquer razão, sua quantidade varia. Os preços dos bens e serviços (cotados pela quantidade de moeda) modificam-se cada qual na mesma proporcionalidade em que varia a quantidade da moeda. As relações entre os custos dos bens e serviços produzidos tendem a não se modificarem no pensamento clássico, pois para essa escola todos reconhecem precisamente os elementos dos custos reais da produção em curso para cada mercadoria. A informação é perfeita, nada é escondido. Tudo é transparente.

Esse pensamento está fundamentado na teoria quantitativa da moeda inicialmente formulada por David Hume, no século XVIII: uma identidade contábil bem simples que ao longo do tempo se transformou para incorporar novas interpretações.

$$MV = PT$$

na qual: M = oferta monetária; V = velocidade de circulação da moeda; P = índice de preços e T = volume de transações.

Para a escola clássica, a moeda *(M)*, representada pelos metais preciosos, pode variar em função de múltiplos eventos, como o descobrimento de minas auríferas, do comércio com outros povos, como no caso das metrópoles com suas colônias, ou a prática de senhoriagem dos governos (cunhagem de moeda). Contudo, somente os preços *(P)* se alteram quando a oferta monetária *(M)* se modifica na mesma direção de forma proporcional. A velocidade de circulação *(V)* da moeda e o produto transacionado *(T)* são situações disciplinadas pelos hábitos, costumes e práticas da vida social, nos quais maior ou menor quantidade de moeda não exerce qualquer influência. Assim, variações na quantidade monetária se transferem integralmente ao índice de preços configurando uma proposição analítica tautológica. A natureza da moeda portanto é neutra. No capítulo oito essa relação é retomada em uma versão ampliada por Fisher no século XIX, dando suporte ao pensamento dos economistas monetaristas, como teremos a oportunidade de verificar.

Para os autores da escola clássica, os compradores e produtores observavam as relações existentes entre os bens e serviços fixados exclusivamente pelos esforços humanos que os constituem — teoria do valor-trabalho. Assim, sabem perfeitamente o *custo real* de uma mercadoria em relação às demais, não sendo iludidos pelos aspectos monetários. A moeda na visão desses economistas é exógena ao sistema e, nesse mundo de economia clássica, ela não tem o poder de influenciar o processo de escolha do quanto consumir um bem ou serviço ou de quanto produzi-lo. Uma conclusão lógica dessa assertiva é que a taxa de juros, que pode influenciar as decisões de investimento e poupança, não é um fenômeno monetário para essa escola de pensamento.

2.2 A Taxa de Juros na Escola (Neo)Clássica

O juro é o *quantum* que remunera o credor por emprestar a outrem o que é seu. A taxa de juros é justamente o acréscimo percentual cobrado pelo empréstimo. É, portanto, um preço. Representa o valor do amanhã.

De fato cada escola do pensamento econômico interpretou à sua maneira esse preço. Para a escola clássica a taxa de juro é revelada pelo cruzamento dos fundos de reservas de poupança com os retornos esperados dos investimentos. Por seu lado, a poupança é a renda menos o consumo. Os indivíduos somente são estimulados a reduzirem seus gastos em consumo, ou melhor, a pouparem, se existirem expectativas de aplicar suas poupanças obtendo rendimentos para consumirem mais e melhor no futuro. Assim sendo, a taxa de juros é uma medida estritamente temporal, enquanto a sua existência envolve questões filosóficas bastante complexas.

A título de ilustração da complexidade dos juros e de sua medida (taxa) na economia clássica, podemos observar o entendimento da Igreja Católica no período medieval e do capital mercantil se posicionando contra a existência dos juros, sob a alegação de que o tempo a Deus pertence. Os homens não estariam habilitados a cobrar (taxas de) juros nas relações que envolvessem crédito e débito tendo o tempo como parâmetro. Essa afirmativa, digamos divina, não resistiu à percepção pela sociedade de que a taxa de juros indica a quantidade de produtos adicionais obtida no futuro em relação ao período anterior, com a aplicação das poupanças transformadas em investimento. Ela tem competência para identificar-se com o que chamamos de retorno do capital ou simplesmente retorno do investimento. Porém a complexidade reside no fato de não conhecermos o futuro. Não sabemos qual será o valor do amanhã e, portanto, não podemos medi-lo para estimar com precisão a taxa de juros *(r)*, com a qual trocamos o consumo presente pelo consumo futuro com base nas condições presentes $(1/1 + r)$[7].

Além disso, no mundo da economia clássica, a cobrança de juros relativos aos empréstimos não necessariamente precisam figurar por meio de aspectos monetários. Podem envolver as mais variadas situações: troca direta de produtos, prestação de serviços como pagamento dos juros, a própria carne do inadimplente na ausência de pagamento parcial dos juros, como retratado na obra *O Mercador de Veneza* de William Shakespeare, ou no caso do diabo em cujos juros representam a alma do contratante em troca da vida terrena desejada.

2.2.1 A Taxa de Juros de Irving Fisher

Irving Fisher (1930) aprofundou as ideias da economia clássica introduzindo o dinheiro com o argumento que a taxa de juros é o nexo existente entre renda e capital. A maior renda resulta dos bem de capital em marcha, mas o valor do capital é derivado do valor da renda[8]. Considere que os bens

---

[7] Ver GIANNET, E. *O Valor do Amanhã*, Companhia das Letras, 2005, que contempla aspectos filosóficos com respeito à taxa de juros como indicador de preferências intertemporais de consumo.

[8] FISHER, I. *The Theory of Interest as determined by Impatience to Spend Income and Opportunity to Invest it;* New York, Macmillan, 1930.

de capital colocados à disposição da produção gerem rendas valorizando o capital: retorno do capital investido.

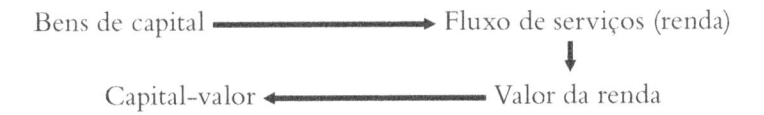

Bens de capital ⟶ Fluxo de serviços (renda)

Capital-valor ⟵ Valor da renda

Capital é a renda futura esperada em valor efetivo hoje. Assim, a fixação da taxa de juros representa oferta e demanda de rendas futuras, e não do estoque dos fundos de poupança em relação à demanda por fundos de investimentos no tempo presente. A oferta e demanda que contribui para explicar a taxa de juros é, propriamente, a oferta e demanda de rendas no tempo futuro. Ninguém em sã consciência deixaria seu dinheiro parado hoje, por assim dizer, deixando de lado as perspectivas de um futuro melhor obtido com os rendimentos das aplicações financeiras[9].

Assim, os juros traduzem os benefícios futuros que uma mercadoria produzirá. São valores futuros transformados em valores presentes expressos em taxas percentuais. Em outras palavras, encerram previsão e expectativas, pois nada sabemos sobre o futuro. É o valor do amanhã estimado hoje.

Pensada dessa maneira, a taxa de juros é fixada em termos de graus de impaciência que os indivíduos guardam em relação à obtenção de bens no futuro. Quando maior for a impaciência para obter bens futuros, maior será a taxa de juros, e inversamente quanto maior a tolerância, menor será a taxa de juros, sob condições e circunstâncias normais, com respeito à vida, morte e produção dos bens. Estilizando, um indivíduo

---

[9] No plano individual uma pessoa faz seu pé de meia — poupa — para consumir mais e melhor no futuro. Em muitos casos, ela acredita que sua renda futura diminuirá e, portanto, seria mais vantajoso se precaver poupando hoje. Ele joga o seu poder de compra *grandioso* hoje para o futuro com distribuição adequada no tempo. Ver FRIEDMAN, M. A. *Theory of the Consumption Function*, Princeton University Press, 1957. Na maioria dos países parte dessa poupança é coletiva e compulsória, como no caso brasileiro da aposentadoria do Ministério da Previdência Social. Algumas empresas adotam o sistema de Fundo de Pensão para seus funcionários, geralmente de caráter não compulsório, em adição ao sistema previdenciário governamental. Essas situações derivam da concepção dos juros formada pelo pensamento da economia clássica.

que tenha certeza de sua morte em determinada data futura, balizará seu grau de impaciência com respeito aos bens que possa ter com base nesse conhecimento. Digamos que ele tenha poucos dias de vida e preserve uma visão utilitarista. Sua taxa de impaciência será elevadíssima. Vejamos o caso contrário, dele guardar algum mecanismo divino ou demoníaco preservando sua vida eternamente. Seu grau de impaciência seria nulo, pois ele saberia que os bens futuros chegariam a ele e perdurariam em suas mãos eternamente ou até se extinguirem pela própria natureza das coisas. A quantidade de tempo neste último caso é suficientemente grande (eternidade) tornando seu preço igual a zero. Tanto um caso quando o outro estão sob o jugo de condições de produção normais, pois a simples expectativa de alterações na produção leva a modificações nos graus de impaciência ou tolerância para obter bens no futuro. Desse modo, excepcionalidades produtivas como perenidade dos bens, exaustão de determinados processos produtivos, etc., devem ser levadas em conta na fixação do grau de impaciência numa avaliação mais apurada.

Os seguros de vida, os planos de aposentadoria, os planos de saúde, os investimentos em carteiras de ações e demais papeis financeiros, os legados acordados deixados para familiares e amigos e toda uma sorte de decisões com respeito a perpetuação da posse de bens em vida deixados para outrem depois da morte e heranças constituídas são levados em conta nas estratégias das empresas que oferecem esses serviços. Todas essas questões são consideradas na maximização dos cálculos relativos as impaciências e tolerâncias sociais para precificação dos prêmios e valores do seguro.

Sociedades nas quais as garantias individuais estão pouco asseguradas, devido a precariedade do ambiente econômico, político e social tendem a ter um grau de impaciência superior (maior taxa de juros) em relação às sociedades nas quais o regime democrático esteja solidamente constituído (menor taxa de juros). Como reforço argumentativo, não causa estranheza o governante advogar a redução (pagamento) da dívida pública hoje para garantir condições atraentes aos netos e filhos em ambientes democráticos, nos quais, no mínimo, as condições de sobrevida hoje estão bem asseguradas. Mas soa estranho — quando o mínimo das garantias sociais não estão presentes hoje — pensar-se em arrumar o futuro para filhos e netos em detrimento do presente, cuja precariedade pode ser líquida e certa para abreviar a existência de muitos.

De qualquer modo, para Fisher o montante de poupança na economia é naturalmente ditado por preferências intertemporais entre o consumo hoje e o consumo amanhã. Uma maior preferência pelo consumo presente em relação ao consumo futuro significa que o valor do amanhã é pensado muito próximo ao valor existente hoje. Assim há uma predisposição para consumirmos mais reduzindo as poupanças correntes. O maior consumo hoje estimula a busca pelos empresários por recursos para produção futura. A maior preferência pelo consumo presente (futuro) ocorre com a diminuição (aumento) da taxa de juros influenciando as expectativas dos empresários cujos resultados estão baseados na rentabilidade marginal dos negócios em curso comparada com a taxa de juros. De fato a redução das poupanças enseja no tempo a valorização do amanhã pressionando para cima a taxa de juros em um movimento pendular: elevação das taxas de juros comprimem o consumo presente, favorecendo o consumo futuro, e sua redução incentiva o consumo presente postergando o consumo futuro. No longo prazo, as condições para aproximação entre as taxas de juros e o rendimento marginal dos negócios (taxa de juros de equilíbrio) são estabelecidas.

Dessa forma os montantes dos fundos de reserva de empréstimos sancionam uma taxa de juros imaginada como justa e perfeita com base na preferência intertemporal do *quantum* de consumo escolhido socialmente. Em extensão, os planos dos empresários harmonicamente se ajustam ao padrão de consumo intertemporal escolhido. Quando investem em novos empreendimentos ou na expansão dos antigos, avaliam os retornos esperados de seus gastos utilizando como parâmetro a taxa de juros construída pelas vontades do consumo intertemporal das pessoas. Logo, os investimentos se realizam no montante disponível de poupança declarada pela escolha intertemporal de consumo no tempo, compartilhada com a rentabilidade do capital investido.

A taxa de juros desempenha um papel central para os economistas (neo)clássicos, uma vez que as preferências intertemporais de consumo pessoal governam as atividades produtivas ao demarcar os limites do custo dos empréstimos. A taxa de juros concebida pelo pensamento (neo)clássico é naturalmente erguida dentro do sistema econômico. Para essa escola foge do bom senso alguém entesourar dinheiro deixando de auferir rendimentos nos fundos de empréstimos.

2.2.2 A Taxa de Juros de Knut Wicksell

Knut Wicksell (1898)[10] foi um economista que estabeleceu um novo figurino da taxa de juros nos negócios e consumo das famílias, debaixo os pressupostos da economia clássica. Introduziu no modelo de escolhas intertemporais o sistema bancário como agente catalizador do dinheiro poupado e emprestado, portanto com poderes para cobrar juros. Advogou a existência de duas taxas de juros na economia:

1. a taxa de juros natural ou normal de equilíbrio: significa que a escolha intertemporal de consumo da sociedade aloja um volume de poupança que se aproxima ao investimento planejado, sob condições de pleno emprego. No limite, a taxa de juros normal ou natural corresponde à taxa de eficiência marginal dos novos negócios ou ampliação dos antigos;
2. a taxa de juros de empréstimo ou de mercado: determinada no mercado monetário pelo sistema bancário.

Quando os bancos cobram taxas de juros de mercado menores do que a taxa natural, favorecem os investimentos planejados, pois a taxa interna de retorno do investimento, balizada pela taxa de juros natural, é superior ao custo dos empréstimos bancários. Nesta situação, a formação de poupanças é desestimulada, pois o consumo das famílias estará se ampliando, e os novos negócios e os em curso serão favorecidos. De fato a contratação de fatores de produção (trabalho, capital e recursos naturais) ensejada pelos novos negócios aumentará a renda da economia que, mantendo-se tudo o mais constante, resultará em elevação dos preços por conta do aumento da demanda agregada. Desse modo, para Wicksell, o aumento dos preços decorre da diferença entre a taxa de juros de mercado e a taxa natural ou normal. Esse processo se mantém até que as pressões sobre os fundos de poupança façam subir a taxa de juros de mercado em direção aos juros normais.

---

[10] WICKSELL, K. *Interest and Prices: A Study of the Causes Regulating the Value of Money*, Trans. R. Kahn, New York, Augustus M. Kelley, 1898.

Quando todos os preços das mercadorias pararem de aumentar, teremos um novo nível de preços que estabelecem novas condições para os cálculos futuros, tanto em termos de investimentos quanto em termos de consumo. O inverso ocorre quando a taxa de juros bancário estiver acima da taxa de juros natural.

Esse modelo contém representações bem originais do mundo econômico e é mais realista por incorporar o sistema monetário-financeiro. Uma conclusão lógica desse modelo é que as variações de preços causadas por variações monetárias podem não ser imediatas, como propõe a teoria quantitativa de moeda clássica. Antes das variações monetárias chegarem aos preços, passam primeiro pelo sistema bancário que sanciona uma taxa de juros de mercado que pode ser, e geralmente é, diferente da taxa de juros natural ou normal. De fato, a maior (menor) quantidade de dinheiro pode não aumentar (diminuir) imediatamente os preços dos bens e serviços se a sociedade não reconhecer esse episódio ou estiver firme nos seus propósitos na escolha do consumo intertemporal. No caso de maior liquidez do sistema econômico, o volume dos fundos de empréstimos depositados nos bancos aumentará, reduzindo a taxa de juros bancária, que ao se tornar menor do que a taxa natural de juros, ensejará novas produções estimuladas pela elevação dos preços dos bens finais.

A diferença entre a taxa de juros natural e a de mercado cobrada pelos bancos governa a alocação de recursos na economia prescrevendo o que será direcionado para consumo presente e o que será direcionado para investimentos (possibilidades de consumo futuro). Para Wicksell, todo o produto de hoje não consumido (poupança) é utilizado para aumentar a capacidade produtiva da economia: gerando um montante de valor maior no futuro. Revisita-se assim *uma máxima econômica* presente desde os primórdios da humanidade: a sociedade, ou mais especificamente os indivíduos, que se abstém de parcela do consumo presente (poupança) na expectativa de trocá-lo por um consumo maior no futuro são agraciados pela sua parcimônia e os impacientes, ao anteciparem o consumo futuro, pagam uma taxa percentual sobre o valor antecipado. A taxa de juros significa o grau de impaciência — ou inversamente de tolerância — que os indivíduos têm em relação ao seu consumo futuro, conforme sugerido por Fisher.

2.2.3 Uma Extensão do Modelo de Taxas de Juros na Economia Clássica

Como vimos, as escolhas de preferências intertemporais de consumo dependem da acumulação de capital preexistente em relação à formação de capital futuro. O estoque de capital e patrimônios acumulados, nas economias ricas, se aproximam daquele imaginado no futuro, tendo em vista que o alcance de extração de novas riquezas potenciais se avizinha da exaustão nas economias maduras, caso nenhuma excepcionalidade ocorra. Assim rendas adicionais devido a juros tendem a ser proporcionalmente pequenas quanto mais evoluída seja uma economia. Tal não é o caso das economias que se encontram nos primeiros estágios da evolução econômica, nas quais a riqueza potencial futura é imaginada sobejamente maior que a riqueza presente.

Sociedades ricas, nas quais seus cidadãos são abastados, tendem a ter um grau de impaciência menor, com relação à aquisição de novos bens e serviços, do que os membros de sociedades menos ricas, nas quais a carência de um sem número de bens se apresenta.

Essa hipótese é consistente com a teoria da composição orgânica do capital de Marx que sugere a queda na rentabilidade dos empreendimentos ao longo do tempo resultando em processos de centralização e concentração do capital. Também é consistente com o modelo de Solow–Swan, que transmite a proposição que o crescimento das economias menos desenvolvidas depende da taxa de poupança e de investimento até que se tenha acumulado capital suficiente para atingir as fronteiras tecnológicas internacionais, circunscritas a um número razoável de bens. Uma vez atingida a relação capital/produto de equilíbrio de longo prazo, o crescimento passa a depender não mais da taxa de poupança e investimento, senão apenas do progresso tecnológico[11].

---

[11] Alguns estudos posteriores ao modelo de Solow procuram explicar o crescimento econômico por meio da melhor formação de capital humano (educação) e da pesquisa que impulsiona as descobertas tecnológicas. Ver GORDON, R. Is the US Economic Growth Over?, In. *CEPR Policy Insights*, nº 63, set. 2012. e HALL, R.; CHARLES, I. Why do Some Countries Produce so Much More Output than Others, In. *Quartely Journal of Economics*, nº 114, 1999. Essa argumentação reforça nossa hipótese, pois sugere que o arsenal da riqueza das sociedades mais ricas libera mão de obra do contexto dos investimentos para se posicionar nos frutos que a acumulação prévia permite: educação, arte, pesquisa, esporte e demais atividades não diretamente ligadas a investimentos clássicos.

Do ponto de vista da evolução da humanidade, a alocação dos fatores produtivos entre a produção de bens de capital e intermediários e a de bens de consumo destinados as fmilias define o alcance de desenvolvimento econômico. Economias nos estágios iniciais de desenvolvimento capitalista forçosamente privilegiam a produção de bens de consumo em detrimento à produção de tecnologias, dos bens de capital e do aprimoramento dos insumos e das matérias-primas. A alocação dos fatores de produção nas economias pobres se encerra mais no provimento dos bens de consumo as famílias, tendo em vista as necessidades declaradas e menos na produção dos bens de investimento. A evidencia histórica confirma essa situação e muitos economistas desenvolveram teses caracterizando a escassez de poupança como o principal entrave ao desenvolvimento econômico[12].

Esse é o padrão secular de desenvolvimento econômico, no qual a economia cresce com inovações e tecnologias de ponta, liberando a mão de obra do *chão da fábrica* e (re)criando, em processo, incessantemente novas qualificações da mão de obra. A economia se reinventa, descobrindo novos métodos de consumo e produção de bens cada vez mais sofisticados e *customizados* para continuar a crescer.

No Gráfico 1 estilizamos a formação das taxas de juros na visão dos economistas (neo)clássicos de maneira a ampliá-la para acomodar a hipótese da existência de diferenças regionais e historicamente construídas pelas sociedades. A linha Z das possibilidades de produção exprime as alocações ótimas de recursos na sociedade entre a produção dos bens e serviços finais e a produção de bens de capital e intermediários (investimentos). Acima da linha Z a produção não se realiza, pois não há fatores de produção suficientes. Uma produção contida abaixo da linha Z por outro lado significaria uma subutilização de recursos e/ou ineficiências localizadas no processo produtivo. Claro que quanto mais evoluída uma sociedade, maior será o distanciamento entre a curva Z e a origem (0) por

---

[12] W. W. Rostow foi um dos principais economista a demonstrar o processo de desenvolvimento econômico associado a geração de poupanças. Haveria (5) etapas de desenvolvimento econômico pelas quais os países passam antes de chegar ao estagio final de formação de uma economia industrial madura produtora de bens de consumo de massa. Em todas as etapa a existência de poupanças é imprescindível. Ver, W. W. Rostow (1960) *The Stages of Economic Growth, a non-communist manifesto,* Ed. Martino Fine Books, 1960.

conta dos avanços tecnológicos estabelecidos ao longo do tempo. Assim existiriam tantas curvas Zs pertencentes às sociedades com distintos graus de evolução quanto a imaginação permitisse. Didaticamente comprimimos as curvas Zs ao longo do tempo, como se fosse possível passear entre o curto e longo prazos, curvando-os para se aproximarem, tomando a tecnologia mais eficiente disponível instantaneamente a quaisquer dos tempos, tal qual a física quântica opera o universo a partir da existência dos buracos de minhoca[13].

Podemos representar neste mesmo gráfico, sem prejuízo de conteúdo, curvas de indiferença Is entre o consumo presente e o consumo futuro, atendendo a todos os atributos que a microeconomia dedica à formalização das curvas de indiferenças. A cesta de bens presentes X pode ser trocada no tempo pela cesta $Y = X(1 + r)$, na qual r é a taxa de juros normal. A relação de preços entre X e Y no tempo é $1/(1 + r)$. Qualquer ponto ao longo das curvas significa trocas entre consumo presente e futuro satisfazendo a sociedade de forma igual (e indiferente). Os pontos de tangência entre a curva Z e as curvas Is representam o comportamento social ao longo do tempo face a disponibilidade dos bens. A sociedade consome relativamente menos bens de consumo, conforme a economia evolui, aplicando seus crescentes excedentes econômicos (suas poupanças) na construção dos bens de investimento. A inferência com respeito à comparação entre uma economia pobre e outra rica é imediata.

Pode parecer estranho a colocação da curva de indiferença para tangenciar a curva de possibilidades de produção, mas a ideia dessa imagem é contemplar expectativas de cesta de bens e serviços disponíveis no futuro

---

[13] Antigamente, o dia e a noite, os ciclos climáticos da colheita agrícola e as jornadas de trabalho cronometradas a partir da invenção do relógio definiam o tempo pela percepção da prática de repetição e os intervalos a ela inerentes. Com o avanço da informática, o tempo entendido como uma sequência ordenada de fatos foi aniquilado, seja pela sua compressão — os fatos quase se sobrepõem — ou pelo ofuscamento da sequência entre diferentes formas de acontecimentos futuros. A aplicação da máxima do *aqui e agora* exemplifica com propriedades essa aceleração onde o passado e futuro se fundem no presente. A curva Z pode caracterizar todas as sociedades juntas neste caso, porém individualizadas: "a prática social (atual) [...] nega a sequência (dos fatos) para nos instalar na simultaneidade perene e na ubiquidade simultânea e [...] as pessoas acreditam vencer suas restrições temporais, ou pelo menos é isso que elas acham". CASTELLS, M. *Sociedade em Rede,* Paz e Terra, 2001.

representados pelo excedente econômico resultante da cesta de bens de capital, ou de investimentos hoje, cujos resultados de produção são projetados no futuro em cada país.

Desse modo, a curva de indiferença (Ia) do estágio evolutivo da sociedade A, representa uma inclinação onde a relação $1/(1 + r)$ entre os bens é menor do que a contida na inclinação da curva de indiferença (Ib) da sociedade B, justamente devido às expectativas sociais de se adquirir mais e melhores bens e serviços no futuro serem maiores nesta última do que na sociedade A.

Apesar do egoísmo e da disputa por maiores quantidades de bens e serviços estarem presentes nos seres humanos, nossa hipótese é que as condições objetivas nas sociedades maduras estabeleceram no passado uma base material ampliada, proporcionando elevado conforto e bem-estar social hoje, em contraposição à base material nas sociedades em estágios iniciais de produção capitalista. Desse modo, desconsiderando outros fatores da formação social, os membros de sociedades ricas tendem a ser menos impacientes em relação aos membros das sociedades relativamente mais pobres no tocante à temporalidade na aquisição de bens presente *versus* bens futuros. Sob algumas hipóteses restritivas, quase todas associadas à exaustão da base material existente nas sociedades, a taxa de juros será menor naquelas onde são escassas as oportunidades rentáveis de investimento (ricas) em relação aos retornos dos investimentos nas sociedades menos ricas, nas quais o alcance do esgotamentos dos recursos produtivos encontra-se distante no tempo.

Uma sociedade rica, em que seus cidadãos tenham acumulado prosperidades, aproxima os padrões de consumo presente nos padrões de consumo imaginados no futuro. A renda nas economias maduras permite uma poupança substancial, sem sacrificar o padrão de consumo presente, tornando a taxa de juros natural *naturalmente* menor que a das sociedades mais pobres. Como as taxas de juros são formadas por expectativas entre consumo intertemporal, resulta uma taxa de juros maior nas economias pobres nas quais o "preço da poupança" é alto em relação ao preço "das poupanças" nas quais é abundante, como acontece nas economias mais ricas. Nos pontos em que as curvas de indiferenças (Is) tangenciam a curva Z encontra-se a maximização dos cálculos de eficiência marginal do capital para a produção em Z, que debaixo nossa hipótese será maior em A do que em B. Claro que a taxa de juros de mercado, proposta por Wicksell, sancionada pelo sistema bancário, gira ao redor da taxa de juros natural.

Gráfico 1.

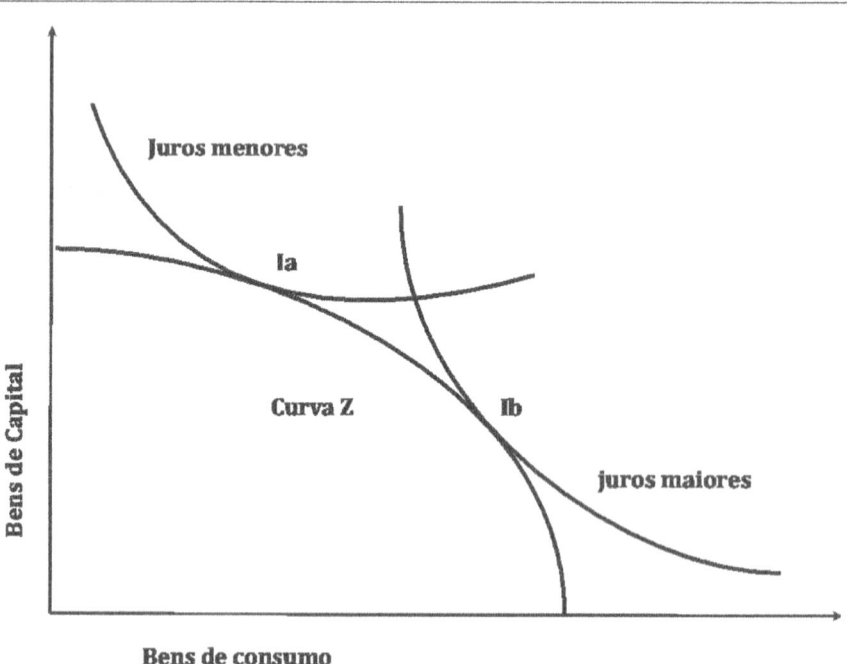

Como reforço de argumentação, observe as economias dos países desenvolvidos, como Japão, Estados Unidos, Canadá, países nórdicos e alguns da União Europeia. Todos com elevado desenvolvimento tecnológico apresentam níveis das taxas de juros naturais e de mercado bem menores em relação aos demais países.

O processo de globalização iniciado nos anos 1980, juntamente às políticas neoliberais instituídas nesta época, procuraram acelerar a harmonização das taxas de juros e câmbios entre os países. De fato foram estabelecidas (des)regulamentações substanciais nos fluxos internacionais de capitais, licenciando favoravelmente o acesso aos seus mercados domésticos. Permitiram que grandes capitais usufruíssem o comando dos rendimentos financeiros e monetários compartilhados para aprofundar as oportunidades de valorização do excedente econômico, cuja escassez já se vislumbrava à época em escala mundial.

Essa não era uma tarefa fácil. Concorreram para isso as iniciativas de liberação do acesso aos bens importados, reduzindo as tarifas *ad valorem* às importações e extinguindo muitas das barreiras não-tarifárias ao comércio internacional. Essa estratégia, além de ser adequada à ampliação dos mercados, ampliava as oportunidades de investimentos. Ao mesmo tempo, garantias e seguranças nacionais deveriam ser abolidas em favor da globalização. Nasce assim a ideia de um *Estado Mínimo* para favorecer princípios do neoliberalismo. Ambientes competitivos, como os advogados pelas práticas neoliberais, podem instaurar descontinuidades com respeito ao conforto e bem-estar social. Por outro lado, os construtos sociais de cunho cooperativo que configuram determinadas associações e entidades de classe podem reforçar mecanismos para se obter benesses junto aos governos, algumas francamente desfavoráveis, de modo geral, ao bem-estar social dos demais. Este dilema esteve presente em muitos países que adotaram medidas de liberalização compartilhada com agências reguladoras de mercado, como no caso brasileiro, por exemplo.

A evidência atual demonstrou no entanto que o exercício da cooperação internacional globalizante não foi coroado de sucesso, considerando os anos 2000, principalmente com a crise financeira de 2008/2009. A teoria dos jogos, por seu lado, vem desenvolvendo situações na qual o sistema cooperativo entre países, sob certas condições, poderia se desenvolver, mas os resultados são incertos justamente devido à configuração do cenário internacional historicamente se estabelecer por meio do exercício do poder militar, econômico e geopolítico que alguns países exercem sobre os demais.

2.3 Ainda o Pensamento Clássico

No século XIX o economista francês Jean-Baptiste Say (1803) em seu *Traité d'Economique Politique* firmou um princípio básico para explicar o funcionamento do sistema econômico. Era bastante simples e com forte poder de convencimento, recebendo por isso o *status* de lei, a Lei de Say: "a oferta cria sua própria demanda".

Esse princípio contempla a fonte das demandas por bens e serviços como sendo os pagamentos aos proprietários dos fatores de produção pela sua utilização no processo produtivo, como vimos anteriormente. Assim entendido, quando ocorre o emprego de recursos ociosos na atividade produtiva cria-se um fluxo adicional de rendas cujo destino será a ampliação da demanda de bens de consumo ou de investimento. As novas rendas constituídas retornam, através de atos de compra e venda, ao seio produtivo criando mais empregos e novos produtos, e assim sucessivamente. Então, no limite, o pleno emprego é garantido!

Desse modo existiria um justo e perfeito equilíbrio macroeconômico, entre oferta e demanda, e situações fora desta norma seriam decorrentes de problemas comerciais e financeiros eventuais impedindo que as compras e vendas se ajustassem espontaneamente. Sob certas circunstâncias, a moeda, a taxa de juros e o crédito podem levar temporariamente a economia para uma situação distante do equilíbrio, mas isso seria uma situação temporária no entendimento dos adeptos da Lei de Say e da escola clássica.

A investigação acerca a validade da Lei de Say resultou em um debate acalorado até meados do primeiro quartel do século XX, quando essa questão foi encerrada com os estudos de Keynes e Kalecki, como mencionado anteriormente. O núcleo do debate manifestava-se na avaliação dos méritos que a produção tinha como responsável pela criação de renda destinada à despesa. O custo da oferta produtiva, retratado pelos pagamentos aos fatores de produção, seria suficiente para que o poder de compra fosse totalmente integralizado no seio produtivo em um círculo virtuoso?

Economistas como Rosa Luxemburgo (1871-1919), Mikhail Tugan--Baranovski (1865-1919) e o próprio Michal Kalecki (1899-1970), com base nos escritos de Marx, respondem a essa questão, com distintos enfoques cujas sínteses emergem da reprodução ampliada do sistema capitalista. A produção capitalista tem a propriedade inerente de forjar a ampliação de rendas de maneira espetacular acima do custo de produção. Em outras palavras, o sistema capitalista cria *sobras de oferta*: poder de compra acumulado, que pode não ser efetivado criando crises de realização[14].

---

[14] Ao vender sua mercadoria o capitalista obtém um montante de dinheiro igual ao que é necessário para comprá-la: toda venda corresponde a uma compra de igual valor. Mas o capitalista não compra sua própria mercadoria. Com parte de sua receita ele adquire de outros

A oferta de bens e serviços, pondo em marcha pagamentos aos fatores de produção, adiciona *lucros* ao valor de venda dos produtos, originando uma renda economicamente excedente: um sobre produto excedente. Para esses autores, diferentemente dos adeptos da Lei de Say, a natureza da produção capitalista produz instabilidades recorrentes, flutuações e crises no mundo econômico, pois os investimentos são feitos macroeconomicamente de modo desorganizado. Existe uma competição capitalista cujo resultado favorece, do ponto de visto técnico, uma produção superior à requerida pela demanda. Assim, sob condições sobejamente triviais, o mundo econômico aloja em sua história capitalista uma insuficiente demanda efetiva que precisa ser continuamente recomposta.

Com base nos esquemas de reprodução ampliada de Marx, eles destacaram que qualquer expansão da produção de bens destinados aos trabalhadores não gera maior renda (lucros) para a classe dos capitalistas, pois é com os salários pagos que os trabalhadores adquirem seus produtos, retornando, assim, para o bolso do capitalista, na mesma medida, a renda gasta por eles no pagamento salarial. O lucro macroeconômico advém da recomposição de uma demanda efetiva. Para Tugan-Baranoviski, esse problema se resolveria nas aquisições dos bens de investimento, que podem crescer infinitamente por conta de avanços tecnológicos. Michal Kalecki adicionou aos investimentos, a demanda dos bens de luxo pelos capitalistas para formar expectativas com respeito a demanda efetiva e portanto, a formação de lucros. Rosa Luxemburgo, advogou a busca de mercados externos (pré-capitalistas) como solução para o problema da insuficiência de demanda efetiva frente ao crescimento da produção capitalista. Deriva desse discernimento a organização de competências para ampliar a demanda efetiva, utilizando os mecanismos de guerras, obsolescência planejada de produtos, busca de mercados externos e gastos improdutivos do Estado, para citar os mais visíveis.

De fato, desde a revolução industrial inglesa, a produção conta com uma oferta de bens tecnológicos que proporcionam aumentos cada vez

---

capitalistas os meios de produção necessários para manter em movimento sua própria atividade. Com outra parte de seu lucro ele compra um volume adicional de meios de produção para ampliar suas atividades. Com a terceira parte compra bens de consumo próprio. Assim, a receita total de um capitalista se distribui de diferentes modos, podendo ser o total ou partes dela não efetivada o que resulta em crises de realização.

mais amplificados da produtividade do trabalho. Em termos econômicos, um dos principais efeitos da revolução industrial foi justamente propiciar a criação de indústrias produtoras de bens de capital que, produzindo máquinas, fazem novas máquinas que criam outras máquinas, e assim sucessivamente — cada uma mais eficiente que a anterior. Assim, a produção se estruturou em três categorias de bens.

Bens de investimento que requerem transformações tecnológicas intersetoriais devido à natureza de sua produção voltada para aumentar a produtividade do trabalho na economia. *Bens de luxo* dedicados às classes de maior renda e diretamente vinculados ao excedente econômico ou lucro da economia. E *bens de consumo popular* que são caracteristicamente intensivos em mão de obra. A relação entre a utilização de mão de obra e capital é geralmente favorável à utilização da primeira na produção de bens populares e inversa na produção de bens de capital e de luxo.

Com a revolução industrial constitui-se um vigoroso setor produtor de bens de capital (que antes não existia). Com ele, como abordado anteriormente, a indústria não encontra *limites técnicos* à sua expansão, que antes estavam localizados na finitude da mão de obra e no fato de o dia só ter 24 horas. No caso da manufatura, estágio anterior à revolução industrial inglesa, o alcance da produção ficava limitado pelas ferramentas que funcionavam como extensão dos braços, pernas e demais membros do corpo humano. O sentido econômico da revolução industrial foi justamente o de criar máquinas em substituição às ferramentas, permitindo a repetição das operações humanas, antes limitadas pelas ferramentas, em escala exponencial. Desse modo, a produção pode confeccionar quantidades de bens e serviços não mais limitados pelo tempo (24 horas por dia) e muito menos pela escassez de mão de obra, uma vez que a máquina substitui o trabalho humano de modo inexorável.

É na possibilidade de uma produção cujo crescimento é tecnicamente ilimitado, em contraposição aos constrangimentos na demanda por bens e serviços originados pela distribuição de renda, pelas forças da natureza e pelo livre arbítrio do ser humano, é que se encontram justamente as instabilidades, flutuações e crises econômicas.

3.
O Nascimento da Macroeconomia

NO ANO DE 1933 A ECONOMIA NORTE-AMERICANA havia alcançado 14 milhões de desempregados: uma perda de 40% de postos de trabalho em relação aos níveis anteriores à grande depressão de 1929. Os paradigmas econômicos vigentes na época compunham o que hoje chamamos de economia (neo)clássica. Os economistas dessa época advogavam que o desemprego não prosperaria por conta de mecanismos corretivos proporcionados pelo livre jogo das forças de mercado. Aqueles que optam por não trabalhar o fazem, justificavam eles, por motivos voluntariosos. Apesar da realidade manifestar-se visivelmente contrária a essa ideia, o pensamento econômico (neo)clássico propalava que a oferta de mão de obra excedente retornaria às fábricas mediante a aceitação de menores salários pelos trabalhadores, que o livre jogo das forças de mercado propunham, e se não o faziam era por vontade própria.

A lógica desse pensamento pode ser sintetizada de forma simples, sem perda de seu conteúdo: menores salários propiciam ganhos marginais de produção por unidade produzida que justificam a maior produção que seria vendida a preços menores, haja vista a redução de custos. Esse ajuste reproduz ciclos produção (renda) suficientes para manter a economia no pleno emprego. De fato, para os economistas (neo)clássicos o mercado de trabalho se assemelhava a qualquer outro mercado de bens e serviços. Os preços na economia são regidos pela oferta e demanda e chegam aos seus termos quando a satisfação do vendedor se iguala a do comprador, e vice-versa. No mercado de trabalho a situação não seria diferente. Existindo desemprego este seria voluntário: nem todos estavam dispostos a vender a sua força de trabalho ao preço ajustado no mercado, preferindo, neste caso, um *lazer preguiçoso*.

A interpretação de Keynes sobre a grande depressão, com respeito ao nível de emprego, era de que com os preços dos bens finais caindo desde 1926, os empresários eram estimulados a demitir trabalhadores e não a contratá-los, mesmo com a possibilidade de rebaixamentos salariais extraordinários. A relação preços finais/custo da mão de obra utilizada por qualquer empresário para avaliar as expectativas da rentabilidade de seus negócios confirmava esta situação. Em um mundo com deflação, como observado nos Estados Unidos nesta época, a diferença entre preços finais e custos da mão de obra é francamente desfavorável à contratação da mesma. O desemprego tinha, portanto, uma grande parcela de trabalhadores involuntários.

De fato, o trabalhador joga nesse cenário um papel fundamental. Keynes sugeriu que:

- um rebaixamento de salário real, diferente do nominal, não resulta em abandono dos trabalhadores de seus postos, desde que eles não o reconheçam como suficientemente prejudicial, e;
- os trabalhadores geralmente discutem o valor nominal de sua força de trabalho e não o valor real favorecendo a contenda para o lado dos patrões, que determinam os preços dos bens da cesta básica de consumo.

Existiria, assim, uma ilusão monetária (inflação) propícia ao incentivo da organização econômica para ampliar a oferta de bens e serviços. A taxa de aumento do nível de preços dos bens finais acima da taxa de aumentos dos salários nominais estimularia os investimentos, cujo resultado da maior renda originada estimularia uma *demanda efetiva* pelos produtos e serviços correntes.

3.1 O Princípio da Demanda Efetiva

John Maynard Keynes e Michal Kalecki demonstraram, contudo, que o gasto na economia, antes de ser um produto das rendas obtidas no processo de produção, depende da vontade dos proprietários dos fatores de produção em adquirir bens de consumo e fazerem investimentos produtivos.

Este é o princípio da demanda efetiva que se condiciona ao livre arbítrio da vontade dos homens.

Atualmente essa questão é consensual, mas o pensamento econômico (neo)clássico partia da convicção de que a oferta tinha propriedades autoadesivas em relação à demanda. Bastava se ter uma oferta de bens e serviços para em um movimento autocolante juntar-se à demanda originada pela renda auferida com aquela produção. Esse processo orquestraria um equilíbrio econômico, com pleno emprego dos fatores de produção, sob a batuta da Lei de Say. Keynes e Kalecki, contando com a demonstração de elevado desemprego durante os anos 1920 nos Estados Unidos e a persistência de severa crise econômica, estabeleceram novos paradigmas para interpretar o mundo econômico.

O principal deles foi justamente considerar os negócios engendrados na economia como proporcionados pelas expectativas dos empresários com respeito aos gastos totais da coletividade. Introduziram a noção de livre arbítrio em suas avaliações do *homem racional* que faz escolhas, toma decisões, atitudes e comportamentos estratégicos. Os gastos totais da coletividade em bens finais de consumo demandados pelas famílias e pelas empresas formam a demanda efetiva da economia. O princípio da demanda efetiva condiciona-se as motivações que impulsionam o consumo das famílias e pelo lado dos investimentos empresariais das expectativas de lucros futuros. As hipóteses formulada para afirmar o princípio da demanda efetiva é que o existe uma propensão marginal a consumir *(pmgC)* determinada pela proporcionalidade dos gasto em bens de consumo em relação a variação no nível da renda corrente. Essa relação é relativamente estável, uma vez que os hábitos de consumo e demais gastos relativos ao cotidiano dos indivíduos não se modificam com frequência, salvo mudanças institucionais e, ou, de natureza extemporânea. No sexto capítulo exploramos com mais acuidade essa função. Por outro lado, a demanda por bens de investimento depende das expectativas de lucros futuros materializadas no conceito de eficiência marginal do capital *(emgC)* e da taxa de juros, que por sua própria natureza são instáveis.

O empresário projeta na expansão de seus investimentos a evolução de seus negócios em um mercado repleto de incertezas. Ele precisa avaliar os preços e a disponibilidade de insumos e matérias e a taxa de salários que pagará para os novos trabalhadores que irão operar o novo maquinário no curso da expansão de seus investimentos, além de observar o desempenho de seus concorrentes. Essas questões, e outras mais, são fontes primárias de instabilidade dos investimentos e, portanto, do nível de emprego. Logicamente são os níveis de investimentos que contribuem mais para as flutuações da demanda agregada do que o gasto em consumo das famílias. Dessa combinação entre consumo estável e investimentos incertos se estabelece o Princípio da Demanda Efetiva.

Para Keynes, o equilíbrio econômico entre oferta e demanda agregada pode ocorrer com desemprego dos fatores de produção, devido à instabilidade dos investimentos. Ele evoca a ideia de que a demanda agregada da economia pode ser construída e o emprego aumentado por meio de fatores exógenos, no caso as políticas governamentais.

O Gráfico 2 apresenta a demanda *(D)* composta pelas decisões de investimento e consumo cruzando a curva *(Z)* de oferta resultante das expectativas do montante necessário de receitas para gerar o produto. Assim, se as expectativas com respeito à demanda formadas pelos retornos dos investimentos esperados *(emgC)* e pelas parcelas dos incrementos de renda dedicados ao consumo *(pmgC)* forem conjuntamente superiores à oferta presente, os empresários se sentirão estimulados a contratar novos investimentos, aumentando o emprego *(N)*.

De modo estilizado, reproduzindo Keynes, sendo *N* o nível de emprego, temos[15]:

Oferta $(Z) = \theta\ (N)$ e Demanda $(D) = \eta\ (C_{pmgc},\ I_{emgc})$

Então, o equilíbrio $E \rightarrow D = Z = \theta N = \eta\ (C_{pmgc},\ I_{emgc})$

A concorrência entre os empresários pelos recursos produtivos eleva os custos dos fatores, até o ponto em que o emprego *(N)* seja tal que iguale *Z* e *D*. Esse ponto é retratado pelo ponto *E*, no gráfico abaixo. Dessa forma, o volume de emprego *(N)* é função da demanda *(D)* que *efetivamente* estimula os empresários a investir, ofertando quantidades maiores de bens e serviços *(Z)*. O encontro entre as curvas de demanda efetiva e oferta configura o ponto no qual a demanda efetiva *(pmgC)* maximiza a eficiência marginal do capital *(emgC)*, dada as condições de produção na economia (oferta). Dessa

---

[15] KEYNES, J. M. *Teoria Geral do Emprego, do Juro e da Moeda,* Abril Cultural, Coleção Os Economistas, São Paulo, 1983.

conjugação de elementos submetidos a criação do produto da economia propicia o nível de emprego que se estabelece independente da capacidade produtiva máxima da economia. Esse resultado significou um avanço considerável para a constituição da macroeconomia, expandindo o estado das artes do estudo da economia; Para os economistas clássicos e neoclássicos, sob qualquer hipótese, forças econômicas levam a utilização da totalidade dos fatores de produção, e o desemprego da mão de obra criando óbices a expansão do produto, caso houvesse, seria inequivocamente voluntário.

De modo pragmático, os ensinamentos propiciados pelo novo enfoque formulado por Keynes e Kalecki reforçam a aplicação de políticas governamentais para estimular a demanda efetiva contestando o descenso cíclico da economia. A expansão do crédito de toda ordem e políticas fiscais expansionistas podem ser eficazes para diminuir a capacidade ociosa, que geralmente se eleva nos momentos de crise econômica. Contudo, a redução da capacidade ociosa cria expectativa para sua ampliação mas, geralmente, as empresas não têm tempo hábil para expandir sua capacidade instalada. Caso a economia esteja perto do pleno emprego, a continuidade de os estímulos governamentais propiciam processos inflacionários e a expansão da oferta produtiva passa a requerer aumentos de produtividade, nos quais os componentes tecnológicos jogam um papel essencial com centralidade no longo prazo. Assim, a macroeconomia nucleada em determinantes de curto prazo transparece com utilização ponderada para o encontro com as condicionalidades das variaveis de longo prazo (produtividade, educação, preservação do meio ambiente, saúde, etc.).

Gráfico 2.

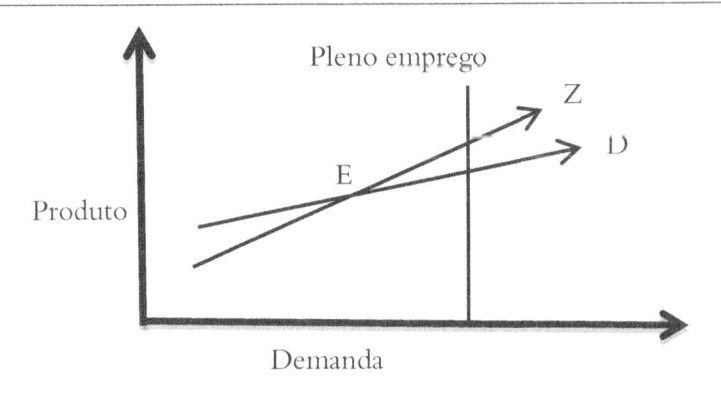

3.1.1 Demanda efetiva expandida

No mundo atual, a demanda efetiva compreende os gastos das famílias em consumo *(C)*, das empresas em investimento *(I)*, do governo em infraestrutura e outras despesas *(G)* e das aquisições de nossos bens e serviços por outros países, representando as exportações *(X)*. A oferta agregada compreende a produção doméstica *(Z)* mais as importações *(M)*.

$$Z + M = D = C + I + G + X$$

A produção de bens e serviços *(Z + M)* remunerando os proprietários dos fatores de produção propicia a aquisição desses mesmos bens e serviços *(D)*. Contudo, as compras representadas pelo consumo das famílias *(C)*, gastos com bens de investimento *(I)*, compras governamentais *(G)* e compras de não residentes no país *(X)* exercerá efeitos econômicos para além do nível preexistente da renda e do produto, justamente porque os gastos impactam o curso da economia de modo amplificado. Quando uma despesa é realizada há uma transferência de recursos do comprador para o vendedor. O produto comprado/vendido se extingue no consumo mas a renda derivada de sua produção será utilizada nos mercados imprimindo relações de débitos e créditos que se perpetuam no mundo econômico.

A situação é diferente no caso de uma entidade econômica isolada que tem seus ganhos fixos ao longo do tempo. De fato, a contabilidade individual demonstra que as compensações entre débitos e créditos não elevam a renda individual: o maior gasto familiar faz a renda familiar diminuir. Mesmo no caso dela contratar créditos ou utilizar sua poupança haverá redução de sua renda ao longo do tempo. Já, quando olhamos a economia como um todo, a situação é bem distinta, pois o gasto das famílias, empresas e governo propiciam lucros que serão em parte reinvestidos no sistema econômico. O maior gasto neste caso se converte em maior renda e geração de empregos dos fatores produtivos, estabelecendo uma situação macroeconômica bem distante do plano de uma entidade econômica isolada, justamente pela criação de mais valor.

Por exemplo, uma redução salarial na empresa típica pode enriquecer o empresário *individual*, mas essa norma aplicada em todas empresas pode ser desastrosa em termos macroeconômicos, pois pode reduzir sobremodo a demanda efetiva, comprometendo as vendas e expectativas para expansão dos investimentos empresariais. Na macroeconomia, salário significa poder de compra, diferente da contabilidade convencional que o considera custo fabril. De modo semelhante, os maiores esforços em poupar podem comprometer as expectativas das vendas reduzindo os investimentos e os lucros empresariais. Para Keynes e Kalecki, a poupança acontece em razão dos investimentos realizados, portanto não é limitante dos investimentos. Vale ressaltar que no capitalismo contemporâneo os créditos são fenômenos oriundos da criação de moeda pelas entidades bancárias, que podem acontecer independente da formação de poupanças, como veremos mais adiante no oitavo capítulo. O acesso ao crédito pelos consumidores, empresários e governo são tão ou mais importantes para o estabelecimento do princípio da demanda efetiva do que as poupanças formadas no ciclo investimento-renda.

O princípio da demanda efetiva advém de decisões antecipadas, com respeito:

- aos gastos em consumo;
- ao atendimento às demandas sociais pelo governo; e
- aos gastos em bens e serviços relativos aos investimentos (privado e público).

O lucro do empresário é resultado do valor de sua receita menos os gastos com os trabalhadores (salários), com o pagamento aos outros empresários pela utilização de serviços habituais e bens intermediários mais os insumos e matérias-primas requeridas pelo processo produtivo. Os lucros empresariais somados representam o lucro total da economia incluindo as parcelas destinadas aos pagamentos a outros empresários por suas vendas de bens intermediários, insumos e matérias-primas Destarte, os efeitos benéficos à economia, como maior volume diversificado de produtos, e os contidos nas expectativas de lucros vantajosos que estimulam a contratação de os recursos ociosos na econômica, são condicionados pelo manto universal do princípio da demanda efetiva.

3.2 Ramificações da Macroeconomia

Keynes compartilhou a economia real com aspectos monetários distintivos. Na economia (neo)clássica a moeda era considerada neutra significando que variações na quantidade da moeda se transmitiam proporcionalmente ao nível de preços e as trocas se estabeleciam, assim, com certa independência de sua quantidade. Essa neutralidade não ordenava conflitos na escolha dos indivíduos entre ter saldos em ativos reais ou monetários. A moeda era percebida somente como veículo de trocas, assim ninguém em sã consciência a guardaria, pois não teria nenhum ganho além de facilitar as trocas com sua posse. Pelo pensamento (neo)clássico, uma vez satisfeitas as necessidades da permuta, a moeda restante seria destinada aos fundos de poupança, cujo rendimento era estabelecido pela preferência social entre consumo presente *versus* consumo futuro.

Keynes argumentou, em contraposição aos economistas da escola (neo) clássica, que os indivíduos têm, em maior ou menor grau, uma preferência pela liquidez. Essa argumentação em contraposição ao pensamento neo(clássico) foi um dos principais aspectos para o surgimento de novas linhas de estudos macroeconômicos.

A demanda por moeda e sua relação com a oferta monetária, com efeito, não celebra a propagada neutralidade contemplada na economia (neo)clássica. Existe certa sensibilidade da procura por moeda como reserva para especular com ativos reais e financeiros e a quantidade ofertada dela governa seu preço: a taxa de juros da economia. Sob esse ângulo a taxa de juros é um fenômeno monetário. Diferente do pensamento dos economistas (neo)clássicos, a quantidade de moeda disponível ao consumo das famílias e aos investimentos não é um fenômeno extemporâneo criado pela natureza das coisas, mas sim pela natureza dos negócios, constituído de forma endógena pelo sistema bancário.

Do lado real da economia, o princípio da demanda efetiva também foi observado para ampliar os estudos macroeconômicos posteriores, justamente pelo fato da variação da quantidade de moeda influenciar o nível de preços. Distinguir os impactos econômicos da variação monetária no longo e no curto prazo foi uma contribuição fundamental ao estudo da macroeconomia. Keynes privilegiava o presente negligenciando o futuro, cunhando uma expressão que ficou famosa: "no futuro estaremos todos mortos". O princípio da demanda efetiva guarnecendo o nível de emprego condiciona-se à variação do nível de preços, cujos ajustamentos econômicos decorrentes são diferentes entre o curto e o longo prazos.

Decorre dessas argumentações, a relevância das políticas fiscais e monetárias para assegurar níveis de preços e taxas de juros atraentes à constituição da demanda efetiva. O pragmatismo normativo do orçamento público deu margem para a construção de várias linhas de estudo que passaram a incluir aspectos comportamentais dos indivíduos econômicos, tempos de ajustamentos das variáveis econômicas ocasionadas pelas ações governamentais e distinção entre taxas de juros monetárias e reais.

3.2.1 Keynesianos Neoclássicos ou a Síntese Neoclássica

Vários economistas imediatamente se debruçaram sobre o livro *A Teoria Geral do Emprego, dos Juros e da Moeda* de J. M. Keynes após a sua publicação em 1936, procurando dar um acabamento formal aos nexos existentes entre os agregados econômicos para se alcançar o pleno emprego. J. R. Hicks foi o economista que mais se destacou nesta tarefa, apresentando seu artigo *Mr. Keynes and the "Classics": a Suggested Interpretation*, escrito no ano de 1937[16].

A elegância matemática e as proposições teóricas resumidas por esse autor fizeram com que a macroeconomia fosse absorvida pelo meios acadêmico e político com sucesso[17]. Ele modelou a Teoria Geral estabelecendo níveis de equilíbrio entre o mercado real [investimento (I) e poupança (S)] e o mercado monetário [demanda (L) e oferta (M) de moeda], submetidos a combinações entre níveis de renda e taxas de juros.

Toda a modelagem está ancorada na ideia neoclássica de neutralidade monetária: as variações na quantidade de moeda são instantaneamente recolhidas pelos preços: justamente porque os indivíduos nos seus processos de escolha não se deixam atrapalhar pelas variações da oferta monetária mantendo a relação entre os preços dos bens constante. Somente a taxa de juros varia nominalmente. A síntese neoclássica ampliou o modelo de Keynes para incluir dois fenômenos:

- a taxa de juros como elemento coadjuvante das decisões dos investimentos. No modelo original de Keynes os investimentos dependem

---

[16] HICKS, J. R. Mr. Keynes and the "Classics": a Suggested Interpretation. *Econometrica*, vol. 5, nº 2, p. 147-159, 1937.

[17] A maioria das publicações macroeconômicos convencionais apresentam o modelo IS-LM desenvolvido por John Richard Hicks. Ver, contudo, BLANCHARD, O. *Macroeconomia*, cap. 3 e 5, Editora Campus, 2001, que apresenta de maneira bem acessível a síntese neoclássica.

do espírito empreendedor do empresário e da existência de demanda (efetiva) pelo produto correspondente;

* o jogo entre a remuneração dos títulos (taxa de juros) e a preferência pela moeda com a qual se estabelece equilíbrio no mercado monetário.

Até meados dos anos 1970 pode-se dizer que o entendimento da igualdade entre os investimentos e sua contraparte à poupança (curva IS) e o equilíbrio no mercado monetário, igualdade entre oferta e demanda de moeda (curva LM), resumiam todo o estudo da macroeconomia, pelo menos nas universidades brasileiras. De fato, a correta compreensão da síntese neoclássica com respeito aos ensinamentos de Keynes exige certo rigor no entendimento de funções que não são triviais, como poupança, investimento, consumo e o modo como elas se estabelecem no mundo econômico em direção a um equilíbrio harmônico e estável.

De maneira simples, a síntese neoclássica segue requerendo a igualdade entre Poupança e Investimentos planejados. Para isso o investimento é função inversa da taxa de juros e poupança é função direta da renda. Tendo em vista que a poupança é igual ao investimento:

$$S = f\,(Y) \qquad\qquad I = f\,(r)$$

Condição de equilíbrio no mercado real: $S = f\,(Y) = I = f\,(r)$

Já o equilíbrio no mercado monetário segue estabelecendo uma preferência pela liquidez da sociedade (procura por moeda) como função proporcionalmente direta do nível de renda relativo aos motivos de sua procura para transaçõeseconômicas convencionais (L_t) e inversa com respeito a taxa de juros motivada pela especulação Ls. Então:

$$L_t = ky \qquad\qquad L_s = f\,(r)$$

Onde o parâmetro k é constante, ou seja: representa o dinheiro "líquido" para aquisições de bens e serviços essenciais e, portanto, não são influenciados pelo nível da taxa de juros. É um montante proporcionalmente fixo em relação ao nível de renda.

A condição de equilíbrio no mercado monetário estabelece que a demanda total por moeda *(L)* seja igual a oferta por moeda *(M)* que é fixada, independentemente, pela autoridade monetária.

$$L_t + L_s = L = M$$

A imagem da página seguinte caracteriza as relações funcionais do modelo da síntese neoclássica, com a inclusão da taxa de juros derivada por motivações especulativas. Existe, portanto, um equilíbrio (e) entre os mercados reais e monetário-financeiro, e somente um para determinado nível de renda e taxa de juros.

Resumindo: o equilíbrio entre S e I se estabelece nas combinações entre Y e *r* enquanto o equilíbrio entre L e M também se estabelece nas combinações entre Y e *r*. A síntese neoclássica ganhou forte aderência no ensino da macroeconomia nas universidades por conta das representações geométricas de causalidade entre Produto e Renda causadas pelas ligações existentes entre os mercados real e monetário (IS-LM), no qual o equilíbrio/desequilíbrio em um mercado, por tautologia, significa equilíbrio/desequilíbrio no outro, já que só existem dois mercados.

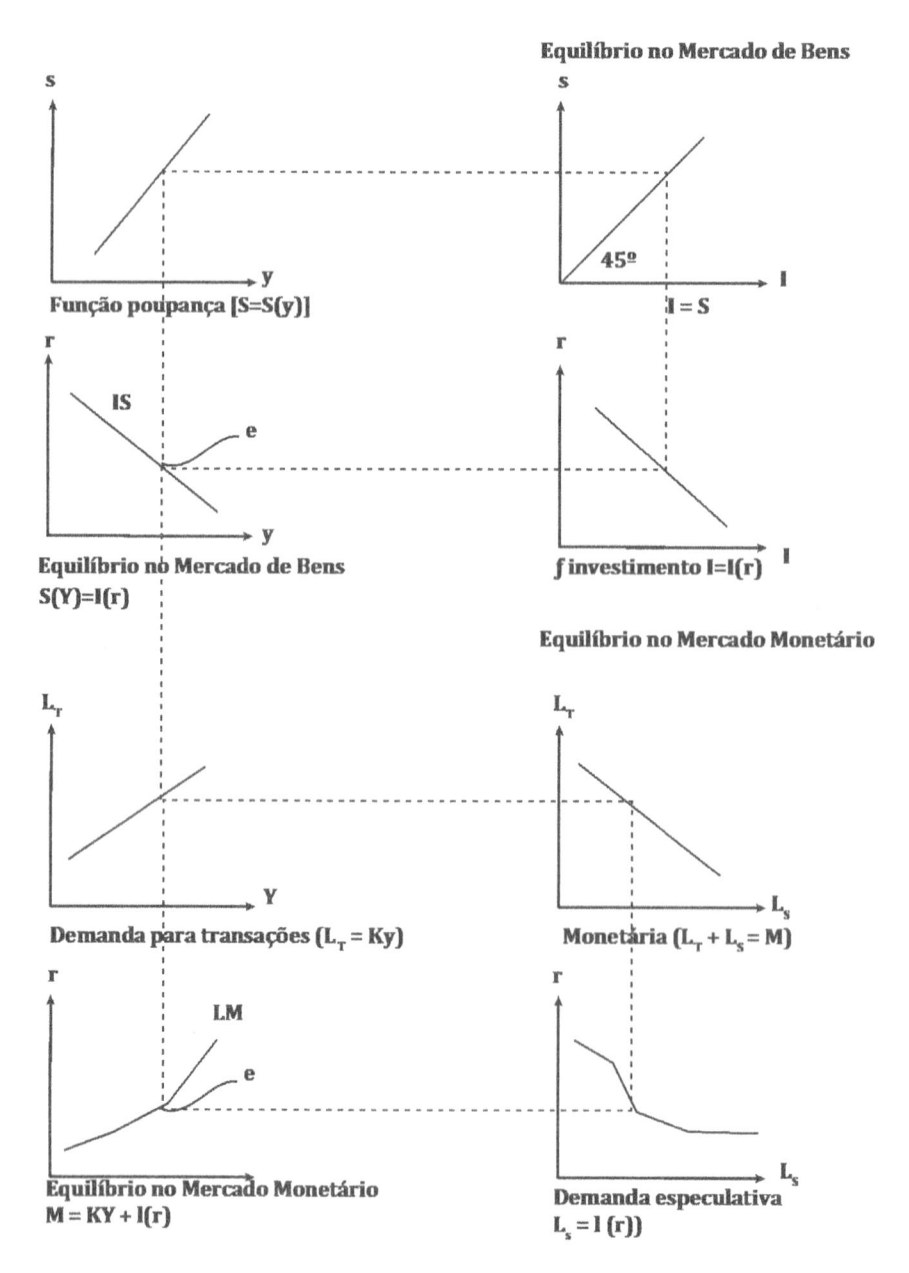

Fonte: Essa figura foi extraída dos ensinamentos contidos em Shapiro, E. *Macroeconomics Analysis*, Harcourt, Brace & Word, Inc, NY, 1966.

3.2.2 A Curva de Phillips

Em 1958 o economista William Phillips, com dados da Inglaterra de 1861 a 1957, evidenciou uma relação negativa entre a taxa nominal dos salários (inflação) e a taxa de desemprego. Essa relação ganhou *status* de "modelo teórico" passando a ser denominada de curva de Phillips, quando dois economistas norte-americanos, Paul Samuelson e Robert Solow, encontraram efeito semelhante para a economia dos Estados Unidos da América. Se a inflação aumentava, diminuía o desemprego e quando ela diminuía, o desemprego aumentava, pelo menos no curto prazo. Os resultados empíricos entre inflação e desemprego contribuíram para os formuladores de política econômica introduzirem os efeitos desse nexo causal no exercício da política monetária.

A curva de Phillips retrata o *trade-off* entre inflação e desemprego, no curto prazo. A correlação negativa entre desemprego e inflação pode ser melhor observada no Gráfico 3.

Gráfico 3.

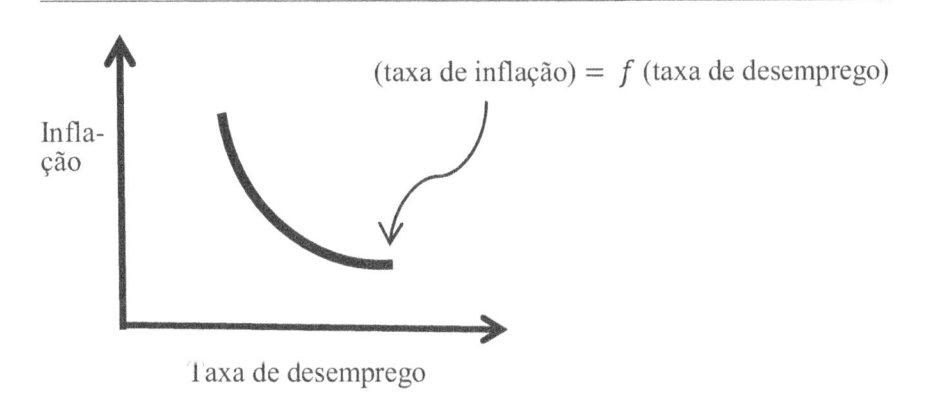

As propostas keynesianas para estimular a demanda efetiva passavam agora pelo crivo da curva de Phillips. A evidência de que havia uma relação negativa entre a taxa de desemprego e a taxa de inflação elevou o *status* da política fiscal e monetária não somente para controlar a liquidez, mas fundamentalmente para avaliar o custo inflacionário das políticas fiscais de promoção da atividade econômica centradas nos *déficits* públicos. A importância desses resultados pavimentaram naturalmente a aceitação da curva de Phillips pelos acadêmicos e pelos formuladores da política econômica.

No início dos anos 1970 ela passou a ser bastante criticada justamente pela relação, experimentada em diversos países, contrária à evidência exibida pela curva de Philips para os períodos anteriores: taxas de inflação e desemprego passaram a se correlacionar de modo contraditório, caracterizando o que ficou conhecido como estagflação: uma mistura de inflação com estagnação econômica.

Essa situação atraiu o interesse dos economistas para investigar a fragilidade da teoria de Keynes e da curva de Phillips que tivera outrora uma aceitação inconteste. Lembre-se que a preocupação primeira de Keynes era com respeito ao desemprego e de como políticas fiscais e monetárias poderiam diminui-lo. Essa questão ainda está presente em toda a envergadura macroeconômica, mas o fenômeno da estagflação estabeleceu uma brecha teórica propiciando o surgimento de novos enfoques explicativos dos efeitos monetários e fiscais sobre o nível de emprego. Várias escolas de pensamento macroeconômico se instituíram e fortaleceram, cada qual com uma matriz teórica distinta para explicar o fenômeno da estagflação e posteriormente se consolidar como um ramo particular de estudos macroeconômicos. Dentre estas, quatro se destacam: Novos Keynesianos, Monetaristas, Novos Clássicos e Estruturalistas.

3.2.3 Monetaristas

Essa linha de pensamento ficou conhecida a partir dos questionamentos da Escola de Chicago sobre a macroeconomia de Keynes. Milton Friedman foi o principal mentor dos *ensinamentos monetaristas* com a publicação *The Role of Monetary Policy* no ano de 1968[18]. Neste artigo ele demonstra a importância da moeda, porquanto variações na sua quantidade podem modificar os níveis do produto e do emprego no curto prazo, mas não proporcionam mudanças nos preços relativos no longo prazo. No longo prazo o estoque de riqueza real potencial tem dimensão definida por

[18] FRIEDMAN, M. The Role of Monetary Policy, In. *The American Economic Review*, vol. 58, n° 1, p. 1-17, mar. 1968.

variáveis de oferta como educação, tecnologia, habilidades da mão-de-
-obra e outras que não são naturalmente modificadas por aspectos monetários. As variações nos preços causados pela política monetária podem
estabelecer nexos com o produto e emprego no curto prazo, mas não
modificam o mundo econômico real no longo prazo.

Seus argumentos apoiam-se no pouco sucesso da política fiscal,
expandindo a demanda efetiva com a economia perto do pleno emprego
(taxa natural de desemprego no longo prazo). O resultado observado é
a elevação de preços e da taxa de juros nominal, o que pode dar uma
indicação equivocada dos rumos da economia. Assim é desejável um
capitalismo apoiado no livre jogo das forças de mercado para a expansão
do produto em detrimento de políticas intervencionistas no mundo econômico. Esse enfoque ganhou maior aderência política e acadêmica na
hipótese de que no longo prazo não existiria um *trade-off* entre inflação e
desemprego. A curva de Phillips seria vertical e uma política monetária
expansionista teria como resultado principal a aceleração da inflação.

A Escola de Chicago ampliou o enfoque dos estudos macroeconômicos para incluir a noção de *expectativas adaptativas*. Seu enredo era que
as funções de preferências nos processos de escolha são otimizadas pelas
expectativas que os indivíduos formam da dinâmica do nível geral de
preços, com base em eventos acontecidos no passado. Desse modo, ante-
cipam o comportamento da política monetária e seus efeitos em relação
ao equilíbrio do mercado real e monetário.

Esse pensamento foi generalizado para o tratamento de mercados
setoriais. Se o valor hoje (V_t) formado pelo passado $(V_{t-1},\ V_{t-2},\ V_{t-3} \dots$
$V_{t-n})$ em quaisquer mercados (ações, imobiliários, *commodities*, mão-de-
-obra, moedas, ativos financeiros, para citar os mais visíveis), corres-
ponder a expectativa (ε do seu valor presente $(\varepsilon V t)$, permite-se aceitar a
hipótese de eficiência do mercado para recolher informações passadas e
criar expectativas previsíveis com relação ao comportamento das variáveis envolvidas. De modo estilizado: $\varepsilon V t+1 = f(V t)$, onde t é o indicativo
de tempo.

A conclusão lógica é que se um mercado for eficiente no sentido rela-
tado acima, os movimentos no processo decisório já estariam incorpora-
dos em (εV_{t-1}). Um mundo maravilhoso, no qual as expectativas passadas
garantem a eficiência do equilíbrio presente *(sic)*. Generalizando, neste

modelo macroeconômico a economia caminha (se encontra) para o (no) pleno emprego, pois preços e salários *hoje* são continuamente adaptados pelas expectativas formadas com base no passado.

Apesar da notória incompatibilidade com a realidade, vários estudos foram elaborados para testar a eficiente dos mercados, justamente naqueles onde já estavam estabelecidos mercados futuros, como o de *commodities*, moedas e ativos financeiros. Mesmo com pouca comprovação empírica, pois quanto mais longe no tempo a formação das expectativas mais fraco é o teor preditivo do valor presente (V_t), as expectativas adaptativas foram elevadas ao *status* de teoria e ganharam aderência em toda a macroeconomia e estudos das finanças.

3.2.4 Novos Clássicos e as Expectativas Racionais

Para os economistas denominados novos clássicos, o estudo da racionalidade lógica formada com base em todas as informações disponíveis, para tomada de decisões nos processos de escolha, aproxima os estudos da macroeconomia às ciências exatas, tão almejada pelos economistas mais ortodoxos. O enfoque das expectativas para incluir processos adaptativos, que consiste justamente na revisão gradual das expectativas de acordo com os erros cometidos ao longo do tempo (t_{-1}), (t_{-2}), (t_{-3}), (t_{-4}) ... (t_{-n}) de *modo racional*, passam a ser considerados.

Foram os economistas Robert Lucas e Thomas Sargent que se destacaram nos anos 1970 no desenvolvimento do conceito de *expectativas racionais*[19]. O significado difere das expectativas adaptativas justamente devido à possibilidade dos indivíduos anteciparem o comportamento da política econômica com base em todas as informações disponíveis no presente. Com expectativas adaptativas, a política monetária no curto prazo poderia gerar efeitos reais imediatos, pois os agentes reagem se adaptando à política em

---

[19] LUCAS, R. E.; Some International Evidence on Output-inflation Trade-offs, In.*American Economic Review,* vol. 63, nº 3, p. 326-334, jun. 1973; LUCAS, R. E.; SARGENT, T.; After Keynesian Macroeconomics, In. *Quarterly Review*, Ed. Federal Reserve Bank of Minneapolis, vol. 3, nº 2, 1979; e LUCAS, R. E.; Expectations and the Neutrality of Monetary, In. *Journal of Economic Theory*, vol. 4, nº 2, 1972.

vigor. As expectativas racionais preveem qual a política econômica a ser adotada e os indivíduos podem, assim, se comportarem de modo a anular antecipadamente os efeitos.

As expectativas racionais apadrinham a ideia de que a economia caminha em direção a um desemprego natural e que as variações observadas no desemprego seriam friccionais. Desse modo, sendo o processo de escolha alicerçado pelo passado e a taxa de desemprego sendo naturalmente aquela de pleno emprego, o processo de estagflação seria, no limite, decorrente de políticas expansionistas que os indivíduos reconhecem e se adaptam *racionalmente* no presente, com a limitação da existência de recursos futuros.

O conceito de expectativas racionais nega a eficácia da política monetária. Quando o social antecipa *racionalmente* a política econômica, estabelecem-se movimentos tácitos que anulam os efeitos da estratégia governamental pretendida. Desse modo, as ações no mundo econômico com expectativas racionais propiciam certo equilíbrio, uma vez que o pragmatismo da teoria keynesiana centrada na política fiscal e monetária é totalmente anulado.

Claro que os enfoques das expectativas adaptativas e racionais contêm questões de temporalidade bastante sensíveis. No limite, podemos dizer que essa escola, ao ampliar o conceito de expectativas adaptativas construindo o conceito de expectativas racionais, nega a existência do tempo. Uma vez que o presente é algo a ser definido *racionalmente*, o futuro ainda não é real senão como esperança de hoje, e o passado não existe senão como recordação presente. Em resumo, os novos clássicos se apoiam nos preceitos dos economistas clássicos da busca interesseira pelos indivíduos na maximização de seu bem-estar, como o principal estímulo para a eficiência e equilíbrio econômico, em um mundo no qual os preços são flexíveis e *racionalmente* conhecidos.

3.2.5 Os Novos Keynesianos

Esta linha de pensamento macroeconômico surgiu nos anos 80 do século passado com economistas oriundos principalmente da Universidade de Harvard em oposição aos monetaristas e aos novos clássicos. Eles renovam os ensinamentos de Keynes elevando o *status* da política fiscal e monetária para conserto das falhas no sistema econômico[20]. Economistas como Sachs, Krugman, Mankiw, David Romer e Blanchard representam os expoentes dessa nova vertente econômica. Atualmente seus manuais são bastante utilizados no ensino da macroeconomia. O argumento central dos novos keynesianos reside na consideração de que variações na liquidez do sistema econômico ajustam preços e salários com certa lentidão e, enquanto o ajustamento não é pleno, a política econômica é eficiente para modificar rendas e preços, em favor do fortalecimento da demanda efetiva. Na vertente keynesiana pura, preços flexíveis convivem com preços rígidos e administrados.

A hipótese central dessa linha argumentativa é que os agentes formam os preços e tentam sustentá-los. Modificações nos preços seriam decorrentes de alterações nos seus custos particulares. Ou seja, está suposto aqui que há rigidez de preços na economia em um conjunto de bens, o que torna atraente o exercício da política monetária, tal como havia advogado Keynes para redução do desemprego e crescimento do produto.

Os novos keynesianos partem da ideia *bem original*, por exemplo, de que os salários são fixados com base na produtividade do trabalho. As empresas não seriam motivadas a reduzir salários, uma vez que a eficiência dos trabalhadores é condicionada aos salários recebidos. Redução salarial para conter custos desestimula o trabalhador modificando para menos a produtividade e, portanto, reduz os lucros[21]. A impessoalidade do mercado também contribuí para certa rigidez dos preços dos bens e serviços finais. Mercados imperfeitos também teriam preços rígidos face o comportamento das empresas líderes que cotam seus preços na margem, de modo a impedir rebaixamento pelas firmas menores seguidoras no mercado particular.

3.2.6 Estruturalistas

O ambiente de estudo dessa linha de pensamento macroeconômico são as economias em desenvolvimento ou denominadas de *periféricas*. Essas

---

[20] Ver sobre os novos keynesianos no artigo de SICSÚ, J. Keynes e os Novos Keynesianos, In. *Revista de Economia Política*, Rio de Janeiro, vol. 19, n° 2, abr.-jun., 1999.

[21] GORDON, R. What is New-Keynesian Economics?, *Journal of Economic Literature*, vol .28, p. 1115-1171, set. 1990; e GREENWALD, B.; STIGLITZ. New Keynesian and New Classical Economics. *Oxford Economic Papers*, vol.39, n°.1, p.119-132, mar. 1987.

economias estão longe do pleno emprego e por isso os processos inflacionários não podem ser atribuídos às políticas governamentais expansionistas, como resulta ser nas economias desenvolvidas, nas quais a taxa de desemprego encontra-se em muitos casos próxima ao seu nível natural. A hipótese central dessa escola de pensamento é a de que existem lógicas de organização produtiva bem diferentes nestes países em relação aos países desenvolvidos ou chamados de *países centrais*.

Nas economias periféricas ou em desenvolvimento, a industrialização teve seu curso forçado pela hospedagem, após a Segunda Guerra Mundial, de grandes empresas construidas nos países centrais. Esse tipo de industrialização criou oligopólios, cujas características notáveis são os preços rígidos em ambientes com capacidade ociosa estrutural. Assim, as economias que forçaram uma industrialização em curto espaço de tempo sofrem com a existência inevitável de *pontos de estrangulamento*, com os quais os preços são detonados quando a demanda agregada é estimulada. Para essa escola, os desajustes da economia são causados por desarranjos estruturais cujo acerto deve ser orientado por reformas institucionais, como a agrária, cambial, de (tabelamento de) preços, geralmente determinadas por características setoriais.

Essa linha argumentativa explica as variações de renda e preços nominais como decorrência da insuficiência de oferta em determinados segmentos. Esses preços seriam majorados e seus aumentos seriam repassados para os demais preços dos produtos, generalizando a elevação de preços por todos os produtos da economia. Uma vez instaurada a elevação generalizada de preços, fica difícil reconhecer qual o segmento dentro da cadeia produtiva que desencadeou a elevação inicial. Nesta situação, os salários rígidos e os recursos produtivos acomodados estruturalmente estabelecem espirais inflacionárias de difícil contenção, pois a inflação é explicada por ela mesma: motivada pelo lado real da economia e não por decorrência de aspectos monetários.

3.3 Resumo

A macroeconomia vem sendo continuamente objeto de discussão e avanços teóricos substanciais. É uma disciplina pragmática na qual sua utilidade tem sido demonstrada nos países que aplicam políticas de ajustamento macroeconômico. As principais questões da macroeconomia, formulada por Keynes, continuam sendo abordadas sob diferentes óticas pelas escolas de pensamento econômico.

Produto, Preços e Emprego são os objetos principais de estudo da macroeconomia. A aceleração histórica vivenciada atualmente, o avanço técnico propiciado pela estrutura do mundo capitalista, cuja economia de trabalho e qualidade dos produtos são objetivados, e o desperdício de recursos visível com implicações trágicas para a sobrevivência humana sugerem, quase como promessa, que os avanços nos estudos da macroeconomia ainda não se esgotaram. De fato, o ambiente das empresas tem criado bens e serviços cada vez mais refinados e customizados em escala planetária. Na criação desenfreada dos produtos residem muitos dos problemas abordados pela macroeconomia, caracterizados na busca por estabilidade econômica, melhor emprego de recursos, maior renda obtida pelos avanços de produtividade, e no estabelecimento de forças econômicas genuínas que aprumam a distribuição de renda, de modo socialmente desejável, sob pena de perpetuar-se um sistema econômico autofágico. Subjacente a todos os desenvolvimentos compartimentalizados dos estudos macroeconômicos reside o princípio da demanda efetiva: fortalecimento das compras das famílias, governo, empresas e comércio exterior para levar avante os investimentos.

Políticas governamentais de renda e *déficits* públicos são eventos oriundos dos escritos de Keynes e Kalecki que passaram a fazer parte do rol dos noticiários econômicos, a partir da segunda metade do século XX. Lembramos que antes da crise econômica dos anos 1920/1930, a intervenção pelo Estado era eventual e sem justificativa clara nos países capitalistas. *Déficits* públicos eram justificados em contexto de guerra, mas não na promoção de crescimento econômico. Déficits públicos para aumento do emprego e estabilização econômica acontece nas economias capitalistas justamente com relaxamento das proposições que viam o planejamento estatal afeto somente aos países de regimes totalitários.

4.
Excedente Econômico e Avanços Tecnológicos

MUITOS DOS PROBLEMAS MACROECONÔMICOS derivam da grandeza do excedente econômico. Ele é a parcela do produto além daquela necessária à reprodução material da sociedade. Sua dimensão corresponde, por baixo, à soma de toda as poupanças, mais os títulos públicos, os lucros empresariais, toda a carga tributária e valores patrimoniais acumulados (terra e empreendimentos imobiliários, por exemplo). Uma decorrência lógica da existência de um estoque econômico excedente é a liberação de mão-de-obra para o exercício de atividades não diretamente voltadas à reprodução material dos membros da coletividade. Historicamente, o avanço das habilidades no trato da terra permitindo a constituição de excedentes alimentares possibilitou que alguns membros da unidades familiares camponesas se dedicassem a produção de artefatos, utensílios e ferramentas inicialmente rudimentares, estabelecendo as bases para o surgimento das cidades e à formação da indústria. Com efeito, atividades vinculadas aos serviços e produção de bens de utilidade pública também surgem, conforme o excedente econômico aumenta.

Com a evolução da humanidade, a divisão do trabalho foi instituída e novas tecnologias apareceram. Excedentes econômicos espontâneos ou planejados foram criados e por força da natureza humana, parte desse excedente foi destinada à criação de territórios delimitados afiançando a noção de Estado, com seus poderes constituídos, para ofertar segurança interna e externa e a criação de cidades com seus serviços e infraestruturas, adequadas à circulação de pessoas e mercadorias. Os impostos arrecadados (parcela do excedente econômico) se destinam justamente a prover pagamento para o exercício das funções e dos serviços indispensáveis à existência em coletividade providos pelo Estado. Amplie o pensamento e veja que muitas das atividades exercidas hoje em dia originam-se e são mantidas por conta da existência de o excedente econômico.

Recuperando ensinamentos da economia marxista, no capitalismo onde predomina o assalariamento, o excedente econômico é a parcela de trabalho não pago denominado de mais-valia. O capitalista paga salários aos trabalhadores que criam um produto de valor superior ao pagamento salarial: essa diferença é a mais-valia que possibilita a compra de mais força de trabalho e de bens e serviços que se destinam à criação de mais produtos. A relação de assalariamento transforma-se em capital que representa duas modalidades de ação (comando) social[22]:

- *trabalho produtivo:* que produz valores destinados ao mercado (valor de troca) para obter imediatamente mais-valia, constituindo assim mais excedente econômico;
- *trabalho improdutivo:* que produz valores úteis à organização social (valor de uso), mantidos de modo geral pela mais-valia criada.

A diferença entre essas duas modalidades de trabalho no sistema capitalista não é facilmente percebida. Afinal trabalho é trabalho.

Contudo, a criação dos bens de capital, maquinários e demais ferramentas aumentam a produtividade do trabalho, que no limite constitui uma grandeza "beirando ao infinito" de mais valores de troca (bens e serviços). Esse patrimônio material (valores de troca) construído pelas junção das habilidades do trabalhador produtivo com as tecnologias que vão surgindo, de fato, resulta da genialidade de alguns trabalhos "improdutivos" que originam descobertas em distintas áreas das ciências adequadas as diversas especializações produtivas. Vale alertar que trabalho improdutivo é essencial a evolução das humanidades e, portanto, aqui a palavra improdutivo não tem nada de pejorativo.

Como reforço argumentativo, observe a indústria farmacêutica, por exemplo. Ela produz remédios cujo destino é a cura ou o controle de toda sorte de doenças. Apesar de seu papel essencial à longevidade da humani-

---

[22] MARX, K. *O Capital,* Livraria Ciências Humanas, livro 1, capítulo 6, p. 79, 1978.

dade, os remédios criados são valores de troca, constituídos por um trabalho produtivo, direto, pois no ato da venda materializa-se um lucro, uma mais--valia. Já, o médico que receita os remédios desempenha um trabalho improdutivo, indireto, pois não cria mais-valia. A pesquisa que formula a melhor composição dos ingredientes dos remédios, antes de entrar na linha de produção, levada a cabo pelos cientistas, também é um trabalho improdutivo.

Estradas e rodovias planejadas pelos engenheiros são valores de uso que quando são construídas transformam-se em valor de troca-trabalho produtivo cujos ordenamentos e vigilância são exercidos pela polícia rodoviária (valor de uso-trabalho improdutivo). Conflitos entre países surgem ao longo do tempo requerendo armamento bélico (valor de troca-trabalho produtivo) para que o soldado proteja os cidadãos (valor de uso-trabalho improdutivo). Existe uma infinidade de trabalhos produtivos, pelos quais a mais-valia se revela e trabalhos improdutivos cujas utilidades dedicadas à sociedade são pagas com o excedente econômico, formado pela mais-valia obtida com o trabalho produtivo. Os trabalhadores sejam produtivos ou improdutivos recebem salários. Corretamente, a contabilidade convencional considera o operário (produtivo), os insumos e as matérias-primas como custo direto de produção. Já, o trabalhador improdutivo representado pelo CEO *(Chief Executive Officer),* pelos dirigentes de *marketing,* de produção, das finanças, das vendas e toda uma gama de atividades que produzem valores de uso são considerados custos indiretos ou administrativos.

Em escala macroeconômica, as atividades no sistema capitalista estão subsumidas ao capital se repartindo em ações destinadas a aprimorar os trabalhos produtivos e improdutivos. Essas ações são comandadas por quem tem a posse do excedente econômico. Ampliando o argumento, o trabalhador produtivo desenvolve sua atividade na fábrica, criando de forma direta a totalidade de produtos e serviços destinados ao consumo das famílias e das empresas: produção de bens e serviços de investimentos. O custo da mão-de-obra empregada, mensurado em produtos, é igual, por tautologia, à quantidade necessária à reprodução dessa classe trabalhadora, e inferior, portanto, à totalidade de produto obtido.

O trabalho improdutivo cria um valor de uso que eleva continuamente a produtividade dos fatores de produção por meio de novas habilidades científicas e tecnológicas. O pagamento do trabalho improdutivo e produtivo é integralmente pago com o excedente econômico. Historicamente a humanidade avança por meio de uma divisão do trabalho, cujas tecnologias utilizadas são cada vez mais eficientes. Essa é uma tendência secular que proporciona a sobreposição contínua do trabalho improdutivo em relação ao trabalho produtivo. Nestes termos, a dedicação de trabalhadores produtivos e o tempo utilizado são reduzidos, justamente pela utilização das novas técnicas produtivas criadas. O produto, por seu lado, é cada vez maior e qualitativamente distintivo, necessitando cada menos de mão de obra direta.

Assim, a proporção do excedente destinado a constituir mão-de-obra direta é cada vez menor em relação a parcela dedicada ao trabalho improdutivo. De fato, as restrições para se encontrar novas oportunidades de investimento e se ampliar os investimentos antigos favorecem a utilização do excedente na construção de valores de uso: nas melhorias dos bens e dos serviços disponíveis à sociedade. Atualmente isso está de acordo com o fato do setor de serviços ser o que açambarca os maiores contingentes de trabalhadores (improdutivos).

Em resumo, o avanço tecnológico ao propiciar estoques de excedentes econômicos cada vez maiores resulta em três efeitos compartilhados que acompanham a existência humana:

- criação incessante de processos de produção auspiciosos que elevam a produtividade;
- diminuição do esforço humano em termos de tempo e número de trabalhadores produtivos;
- crescimento do produto ao longo do tempo assemelhado ao movimento das águas do mar com seus fluxos e refluxos.

Uma comprovação empírica a partir da grandeza do excedente econômico em vários países e suas consequências distributivas foi demonstrado por Thomas Piketty (2014): o excedente econômico está concentrado nas mãos de poucos em escala mundial. Esse excedente se valoriza na forma de aluguéis, dividendos, aplicações financeiras (taxas de juros) e quaisquer outras formas de valorização criadas pela engenhosidade dos financistas, de sorte a aumentar a concentração de renda toda vez que esses *lucros* cresçam mais do que o crescimento da economia. Os empresários e os trabalhadores improdutivos de alta renda, como os dirigentes dos bancos, CEOs de empresas notáveis e servidores públicos de alto escalão se apropriam de grande parcela desse excedente por meio de elevados salários traduzidos em participações, bônus e uma série de mecanismos que permitem a repartição do excedente entre eles. Somente parte desse excedente é destinado ao consumo favorecendo os mecanismos concentradores de renda e negligenciado os ganhos dos trabalhadores diretos[23]. Esse ciclo de formação e excedente se repete ao longo da história do capitalismo, fortalecendo os processos de acumulação de capital e enfraquecendo os mecanismos de distribuição de renda.

De fato, o excedente econômico mundial é absurdamente grande e concentrado, e sua valorização nos dias de hoje é cada vez mais complexa, em escala mundial, por país, instituições e individualmente. A organização não governamental OXFAM, acompanha a distribuição da riqueza ao redor do mundo: "Os 1.810 bilionários (em dólares) incluídos na lista da Forbes de 2016, dos quais 89% são homens, possuem um patrimônio de US$6,5 trilhões — a mesma riqueza dos 70% mais pobres da humanidade"[24].Em relatório anterior, 10% da população detinha 99% da riqueza do planeta. 62 pessoas tinham riquezas que totalizavam metade da riqueza da camada populacional mais pobre, demonstrando uma concentração de riqueza insana nas mãos de poucos.

O seguinte quadro sistêmico demonstra a constituição continuada dos excedentes econômicos. Seu entendimento requer algum esforço, pois nele está contida uma história do princípio dos tempos até os dias de hoje. No início, a divisão do trabalho e a utilização de técnicas eficientes na agricultura possibilitou a criação de excedentes alimentares destinados aos mercados para troca, o que beneficiou as sociedades com maiores quantidades de produtos ao seu dispor. Ao mesmo tempo, a constituição do excedente liberava mão-de-obra do campo para formar as cidades, criando toda sorte de atividades não ligadas diretamente à produção dos bens necessários à reprodução familiar. Historicamente, as atividades da indústria e dos serviços originaram se a partir da transferência de rendas oriundas das atividades agrícolas. Esse espírito de criação e apropriação de excedente avançou sobre os processos de colonização, onde as

---

[23] PIKETTY, T. O *Capital no Século XXI*, Intrínseca, Rio de Janeiro, 2014.
[24] OXFAM. *Resumo executivo*, disponível em < https://www.oxfam.org.br/sites/default/files/economia_para_99-sumario_executivo.pdf>, jan. 2017.

metrópoles extraem riquezas de suas colônias (acumulação primitiva de capital) fortalecendo as atividades fora do eixo agrícola. Os centros urbanos industriais vão sendo assim constituídos com certa dedicação a uma série de novas atividades, inclusive as artísticas e de intelecto inventivo, por exemplo. Uma das contribuições mais espetaculares propiciados pelo excedente econômico foi a de prosperar a revolução industrial inglesa que definitivamente colocou a acumulação de capital da indústria acima da acumulação originada pela agricultura, com uma proliferação de bens industriais nunca antes alcançada.

A criação de um excedente econômico ocorre nas sociedades onde seus membros em confronto com a natureza obtêm um produto superior as suas necessidades correntes: são exemplos as sociedades pré--capitalistas de produtores independentes, sociedades onde os meios de produção são controlados pelo Estado, ditas socialistas e comunistas, e nas sociedades capitalistas cujos trabalhadores estão formalmente subordinados a relações de assalariamento. Nas sociedades de produtores independentes a geração de excedentes geralmente se estabelece espontaneamente no seio da unidade familiar. Já no sistema capitalista a relação de assalariamento formal ou informal subordina toda a lógica de produção à constituição de um excedente econômico social, pelo qual todos disputam por meio de associações de classes, individualmente ou de modo coletivo. Nos sistemas de produção que antecederam ao capitalismo (escravidão, feudalismo, servidão e qualquer modo de produção pré-capitalista) os exercícios utilizados por determinados grupos ou classes sociais para se apropriarem do excedente econômico se baseavam na pilhagem e coerção explícita, frequentemente com o emprego da força.

No sistema de produção capitalista a apropriação do excedente por um grupo é sutil. O trabalhador fornece um valor adicionado ao processo de produção superior àquela parcela correspondente à sua atividade, cuja valoração significa um equivalente monetário denominado salário. Em outras palavras, o trabalho excedente é a diferença entre o valor criado pelo trabalho e o que é pago na forma de salário. Essa é a fonte do excedente econômico que no capitalismo constitui parcela do *lucro* ou na economia marxista de modo genérico: mais-valia. Resumindo, o lucro total constitui a poupança, na versão convencional, ou excedente, na versão marxista. Ele(s) é reinvestido na sociedade fundamentalmente no aprimoramento das atividades consubstanciadas no trabalho indireto (improdutivo) que tonifica as atividades industriais e de serviços.

A contabilidade empresarial percebe com clareza essa distinção de trabalho produtivo e improdutivo ao designar o trabalho produtivo como custo da mão-de-obra (ou custo) direto e as atividades consubstanciadas no trabalho improdutivo como despesas indiretas ou administrativas: pagamento dos gerentes, diretores, pessoal de *marketing* e todas as demais funções não ligadas diretamente à esfera da produção, cujos pagamentos não variam com a quantidade produzida de bens e serviços.

Desenvolvimento Histórico

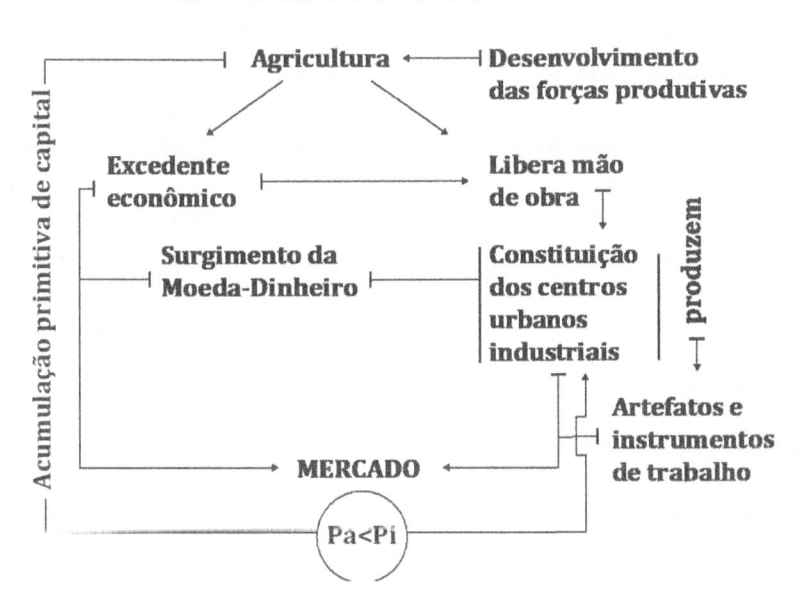

4.1 Macroeconomia e o Excedente Econômico

Como resultado dos avanços das tecnologias de informação encurtando cada vez mais o tempo e as distâncias, a política monetária já ganhou maior agilidade em relação à política fiscal há algum tempo. Em regimes demo-cráticos, a política fiscal depende da aprovação dos congressistas e isso, via de regra, demanda um tempo maior do que aquele dedicado a ações dos bancos centrais que executam a política monetária.

O Estado se apropria de parcela do excedente econômico por meio da cobrança de tributos, de modo a distribuí-lo sob várias chancelas: inves-timentos em infraestrutura, educação, pagamento dos encargos da dívida pública, saúde, funcionalismo público, aposentadorias e transferências de renda de cunho social aos menos favorecidos, para citar as mais simples. Essa é a essência da política fiscal. O atendimento do Estado pelas demandas sociais em ambientes democráticos tem seu alcance limitado pelo embate entre estamentos e classes sociais, no qual cada um busca obter maior parcela do produto social. O tempo para a aquiescência de uma ação fiscal depende do tempo de negociação entre os congressistas, cujas bases eleitorais são dis-tintas. Esse tempo será maior ou menor em função dos graus de aceitação das bases políticas em relação ao objeto legal. Quanto mais claros forem os bene-fícios e perdas com a ação fiscal, mais rápido consequentemente é alcançada a concórdia com respeito às normas e preceitos submetidos a julgamento.

Em contraposição, a política monetária tem força normativa imediata. Os conselhos monetários deliberam normas e ações com respeito à moeda e os bancos centrais as executam. Alterar a oferta monetária para modificar o lado real da economia por meio dos preços dos bens finais, insumos e intermediários, da mão-de-obra, da moeda nacional (cotada pela taxa de juros), da moeda nacional em relação a outras moedas (política cambial), com menor custo e maior benefício social, é a aspiração da política mone-tária. E ela é sancionada de modo ágil e rápido.

Os resultados das ações de políticas econômicas também são diferentes em função do estágio de desenvolvimento em que se encontra o país. Nas sociedades desenvolvidas, por exemplo, os indivíduos já possuem quase toda ordem de bens essenciais para tocarem suas vidas e a de suas famílias com conforto e dignidade, o que resulta em menores esforços para formar poupanças em relação a economias menos desenvolvidas, nas quais o grau de impaciência com relação a obtenção de bens futuros tende a ser maior[25].

---

[25] FISHER, I. *The Theory of Interest, as Determined by Impatience to Spend Income and Opportu-nity to Invest it;* Nova York, Macmillan, 1930.

A herança patrimonial tende a ser maior do que aquela vigente nos países menos desenvolvidos. Os países desenvolvidos têm heranças tecnológicas, de infraestrutura, educacionais, fitossanitárias e toda uma gama de atributos relacionados ao desenvolvimento econômico e bem-estar de seus povos, o que não se encontra nos países em desenvolvimento, pelo menos com o mesmo grau de efetividade.

A grandeza da poupança mantém uma relação direta com o grau de desenvolvimento local e este mantém uma relação negativa com a impaciência dos seus membros em relação à obtenção de bens futuros, representados pela taxa de juros. Contudo essa questão é usualmente negligenciada pela política macroeconômica, seja fiscal ou monetária. Origem, tamanho e destino dos excedentes econômicos, sob o manto universal de instrumentos e mecanismos macroeconômicos, geralmente não são considerados e aplica-se uma política macroeconômica indistinta com respeito ao grau de desenvolvimento econômico pelo qual a sociedade passa. É razoável supor que a obtenção de um *maior produto e emprego* com a aplicação de políticas de rendas terá efeitos distintos em países com diferentes graus de desenvolvimento econômico.

A macroeconomia não é uma ciência exata e o modo como se constitui o excedente, sua dimensão e sua distribuição entre as classes e estamentos de classe sociais contribui para diferenciar os resultados dos cálculos que mensuram o conforto e bem-estar entre países com graus de desenvolvimento econômico díspares. Assim, nas crises econômicas a riqueza, de modo geral, diminui e nas economias menos desenvolvidas, dependendo da intensidade e duração, a população passa fome e privação, elevando o grau de impaciência dos membros da sociedade e aumentando, portanto, a taxa de juros. Já as economias mais ricas reduzem o excedente (poupança) com efeitos sociais menos nefastos.

Vale estender esses pensamentos para ilustrar a distinção de ambientes econômicos nos quais as políticas macroeconômicas navegam. A adoção de políticas de rendas, como convém nos casos de crise, para reduzir as taxas de juros nos países desenvolvidos pode ser ineficaz, caso ela esteja próxima de zero ou seja negativa. Sociedades ricas recebem estímulos monetários, mas não aumentam seu consumo presente em detrimento do consumo futuro, pois muitas das suas necessidades básicas e supérfluas já estão satisfeitas. Com elevada riqueza material presente, o grau de impaciência em relação à aquisição de novos bens no futuro é reduzido ou, em outras palavras, seus membros são mais tolerantes. A evidência demonstra que nos países nos quais as taxas de juros tornam-se negativas ou próximas à zero, como resulta ser em economias desenvolvidas, as políticas de renda propiciam mais a demanda de bens que concorram para a formação de reserva de valor: obras de arte, residências suntuosas e outras relíquias (ouro, prata, pedras preciosas) e menos para aquisição de bens de consumo e de investimentos. Assim, a demanda efetiva (sugerida por Keynes), que poderia ser aumentada com a maior renda e consumo tradicional, não se fortalece de modo a criar expectativas favoráveis aos investimentos nas economias de maiores rendas.

A mesma política aplicada em países com menor grau de evolução histórica — pequena propensão a poupar vis-à-vis a alta propensão a consumir — constitui um dilema. Primeiro, parte da população não tem condições de acesso ao crédito e, portanto, a redução dos juros em nada modifica a contribuição que essa parcela populacional poderia ter para formação da demanda efetiva. Por outro lado, os trabalhadores improdutivos (de valores de uso), que tem seus salários pagos pela mais-valia serão favorecidos, pois seu acesso ao sistema de crédito tende a ser facilitado, já que possuem bens acumulados ao longo do tempo para garantir a obtenção de seus empréstimos. Assiste-se uma política macroeconômica que, longe de proporcionar bem-estar, decide pelo combate à crise econômica aprofundando os processos de concentração de renda e centralização do capital. Também, dependendo da apropriação compartilhada entre as classes sociais dos estímulos fornecidos pela política macroeconômica, o resultado final poderá ser a elevação de preços e aumento das taxas de juros nominais, contribuindo muito pouco para a retomada dos investimentos e crescimento da renda.

A aplicação das políticas macroeconômicas de ajustamento nos dias atuais, de modo geral, apadrinha as atividades relacionadas ao *trabalho improdutivo* com a concomitante redução do tempo e do número de *trabalhadores produtivos* na indústria e na agricultura[26]. Novas funções e atividades distantes do trabalho associado à esfera produtiva são criadas. A tendência dos trabalhos improdutivos se espalharem de maneira vertiginosa, sob a égide do

---

[26] Vale contextualizar que a mão-de-obra especializada não corresponde à mão-de-obra qualificada, uma vez que o avanço técnico, no limite, pode restringir a capacidade do trabalhador a atividades mais simples, não estimulando desempenhos mais qualificados.

capitalismo, redesenha continuamente a política macroeconômica, que deve assegurar oportunidades de valorização de um excedente econômico cada vez maior, inevitavelmente por meio do trabalho produtivo, cujos operários são requeridos cada vez em menor número.

Esse processo acarretou pelo menos duas situações bastante interessantes:

- a vida útil dos produtos duráveis é constantemente encurtada, de modo a propiciar a expansão de emprego na construção das mesmas coisas, em alguns casos inserindo certa dose de sofisticação (tecnologia);
- os governos são pressionados continuamente a propiciar oportunidade que garanta a valorização do excedente econômico, por meio de relações de débito-crédito com o setor privado, intermediadas pelo sistema monetário-financeiro.

4.2 O Valor do Excedente Econômico e sua Distribuição

Não faz parte da teoria macroeconômica convencional a luta entre os donos dos fatores de produção — força de trabalho (trabalhadores), capital (empresários) e recursos naturais (latifundiários/rentistas) — pela posse de parcelas do excedente econômico. A teoria econômica convencional não reconhece poderes de barganha envolvidos na disputa por maiores parcela do produto, além daqueles tecnicamente proporcionados pelas diferentes estruturas de mercado (de concorrência perfeita, imperfeita, oligopolista, monopolista e outras). Para ela, a distribuição da renda é um fenômeno exclusivo da esfera da circulação de mercadorias determinado pela tecnicidade das estruturas de mercado, na qual o trabalhador é um fator de produção *homogêneo*. A macroeconomia parte do enfoque microeconômico usual que considera a esfera da produção representada por uma função técnica, cuja magnificência é produzir os produtos e serviços demandados pelo mercado, sem considerar os destinos que histórica e socialmente lhes são outorgados pela organização da sociedade.

4.2.1 Distribuição da Renda no Modelo de Kalecki

Kalecki introduziu a distribuição de renda nos estudos macroeconômicos compartilhando o comportamento das instituições como determinante da magnitude dos agregados macroeconômicos. Pela interpretação dos escritos de Kalecki, a distribuição de renda depende dos embates entre as forças que formam os custos diretos e indiretos para a fixação dos preços dos produtos industriais. Em outras palavras, entre o trabalho produtivo e o trabalho improdutivo.

Seu argumento é que uma firma para fixar preço $(\mathcal{P})$ leva em conta a média de seus custos diretos *(u)* e a média dos preços das outras firmas concorrentes *(p)*. De um modo bastante peculiar, as barganhas políticas entre os indivíduos e instituições econômicas se manifestam no desenvolvimento das funções técnicas relacionadas à produção e comercialização do produto. De modo resumido, a formação de preços de uma firma típica segue como demonstrado abaixo:

$$\mathcal{P} = mu + np$$

onde:

n = espelha a guerra inter capitalista travada por meio de trabalhos improdutivos que se manifesta nos preços;

m = representa a disputa entre o empresário e os trabalhadores e custos da demanda intermediária, que se manifestam no custo direto total da empresa;

$\mathcal{P}$ = é o preço fixado pela firma; e

p = é a média de preços das empresas no ramo de produção.

u = é a média dos custos diretos (salários, insumos e bens intermediários) no ramo de produção

O coeficiente *n,* precedido da média dos preços fixados em um ramo produtivo, contempla a formação dos custos indiretos (trabalho improdutivo) financiado pelo excedente econômico. Representa a concorrência entre os pagamentos relativos às atividades improdutivas: os custos indiretos, como o pagamento a gerentes, *Chief Executive Officer* (CEO), *vendedores* e toda uma gama de atividades que produzem valores de uso: denominados custos indiretos e administrativos nas empresas (marketing, gastos com propagnda, atividades de call center, programa de fidelização, etc.). Ele é menor que um (*n* < 1), pois $\mathcal{P}$ somente pode ser menor ou igual a ao preço médio *p*.

O coeficiente *m,* por seu lado, retrata a relação social capital/trabalho. Expressa a relação de poder que a empresa mantém com os seus custos diretos: fixação dos preços dos fornecedores de insumos e matérias-primas, dos preços de bens intermediários e fixação salarial da mão-de-obra direta.

Para um ramo industrial e por extensão para toda a economia, os diversos ns e ms ponderados, pelas médias de u e p, retratam o grau de monopólio existente na economia. De fato, no limite, $\mathcal{P} = p$ e

$$p = mu + np$$
$$p - np = mu$$
$$p(n - 1) = mu$$
$$\boxed{p/u = m/1 - n}$$

Kalecki chamou a relação entre preços dos bens e serviços finais na indústria e seus custos diretos (insumos e mão-de-obra direta) $\mathcal{P}/u$ de *grau de monopólio*. Ele representa uma série de fatos, circunstâncias e condições contingentes à formação dos preços finais dos produtos e dos fatores de produção consubstanciados pelos comportamento de m e n, que representam respectivamente o confronto entre capital e trabalho e a guerra entre os capitalistas, e com eles os trabalhadores improdutivos, para obtenção de parcelas do produto social.

Exemplificando, pelo lado direito da equação, se a atuação dos sindicatos dos trabalhadores produtivos é débil no sentido de reivindicar aumentos salariais sem colocar cláusulas que impeçam o repasse do aumento para os preços finais, o coeficiente m será maior do que aquele em uma sociedade cujos sindicatos de trabalhadores sejam mais atuantes. Observamos um aumento no grau de monopólio. Por outro lado, práticas laboriosas como *just in time*, *Kanban* e estoque zero aplicadas pelas indústrias japonesas reduzem a pressão sobre o parâmetro m, uma vez que otimizam os custos diretos empresariais e, no caso de beneficiarem os trabalhadores, o grau de monopólio se reduz. Já empresas poderosas que exercem pressões sobre os seus fornecedores e à mão de obra direta com sucesso contribuem para o aumento do parâmetro m, aumentando o grau de monopólio.

Se os trabalhadores produtivos se tornam mais habilidosos, devido aos melhoramentos da técnica, mas restrições de caráter institucional impedem que eles usufruam da maior participação no produto, o grau de monopólio aumenta, uma vez que n aumenta. Regimes políticos pouco democráticos, que favoreçam mais o capital em relação aos trabalhadores, tendem a favorecer o aumento do coeficiente **m** em relação ao encontrado em países mais democráticos.

No caso do parâmetro **n**, que retrata a guerra intercapitalista, estruturas industriais formadas por grandes corporações geralmente fixam seus preços com o reconhecimento de que empresas menores concorrentes seguirão sua política de fixação de preços. Elas exercem certa liderança. A concorrência entre as empresas também pode ser estabelecida pela diferenciação de produtos na qual o espírito concorrencial se apoia nas estratégias de *marketing*, na formação de novos valores sociais, conluios entre empresários para concorrer na obtenção de recursos públicos e toda sorte de ações junto às instituições do Estado visando a perpetuação do excedente nas mãos de seus trabalhadores improdutivos. Esses fenômenos expressam um coeficiente **n** majorado favorecendo a constituição de um grau de monopólio elevado que capta também o nível de corrupção e de acordos tácitos ilegais ou legais entre instituições e governo.

A sobreposição dos custos indiretos — trabalho improdutivo — sobre os custos diretos — trabalho produtivo — é uma tendência secular. O desenvolvimento tecnológico leva à diminuição da pressão dos custos diretos sobre a produção ao mesmo tempo favorecendo a construção de novas atividades mantidas pelo excedente econômico (trabalho improdutivo). É razoável supor que nas economias nas quais o *grau de monopólio de Kalecki* é menor, uma distribuição de renda mais equitativa geralmente se estabeleça em contraposição à concentração de renda observada em economias com elevado grau de monopólio. Para Kalecki, a distribuição de renda no sistema econômico é um fenômeno eminentemente político e social independente das condições técnicas de produção conforme advogado pela macroeconomia de cunho neoclássico e keynesiano.

Estilizando a distribuição de renda a partir do grau de monopólio, podemos considerar a repartição da Renda Nacional como o valor da Produção *(Vp)* que se distribui formando lucros *(L)*, custos indiretos *(CI)* e salários diretos *(W)* menos o custo das matérias-primas *(M)* que circulam no mercado intermediário, no qual a participação é exclusiva de empresas. Reproduzindo Kalecki:

$$Vp = L + CI + W - M$$

$$L + CI = Vp - M - W$$

Então:

$$w = W/VA$$

$$w = W/W + (\frac{\mathcal{P}}{u} - 1)(W + M)$$

A parcela *(w)* dos salários no valor adicionado segue:

$$L + CI = \frac{\mathcal{P}}{u}W + \frac{\mathcal{P}}{u}M - (W + M)$$

$$L + CI = (\frac{\mathcal{P}}{u} - 1)(W + M)$$

E indicando a razão entre o montante dos custos de matérias-primas e o custo de mão-de-obra por *J* temos:

$$w = 1/1 + (\frac{\mathcal{P}}{u} - 1)(J + 1)$$

Desse modo, conclui-se que o grau de monopólio da economia formulado por Kalecki dimensiona a parcela dos salários *(Cw)* — trabalho produtivo — e os lucros representados pelos ganhos dos empresários que se distribui entre os trabalhadores improdutivos, ou em outras palavras: excedente econômico. Desse modo, o excedente econômico *(L)* é função do investimentos — capital *(I)* — e consumo da classe dos trabalhadores improdutivos costumeiramente de alta renda *(CL)*.

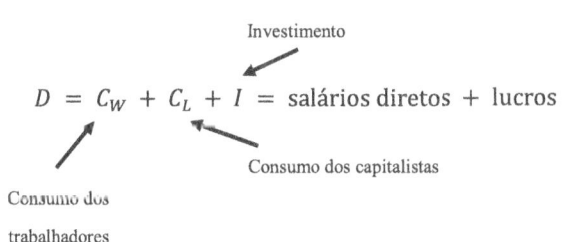

$$D = C_W + C_L + I = \text{salários diretos} + \text{lucros}$$

Investimento

Consumo dos capitalistas

Consumo dos trabalhadores

Como: *Cw* = salários diretos = *W*,
Logo: $L = C_L + I$
Sendo C_W igual aos salários diretos pagos na economia, e assumindo a hipótese que os trabalhadores produtivos (do chão da fábrica) não poupam,

no limite toda a criação do excedente econômico, *i. e.,* o lucro total da economia, fica por conta de quanto os capitalistas gastam em bens de investimento *(I)* e bens de luxo *(C_L)*. Essa é a demanda efetiva de Kalecki cuja distribuição é capturada pelos parâmetros ***m*** e ***n*** do grau de monopólio.

Com o avanço das sociedades não percebemos com clareza as atividades diretamente relacionadas ao processo de produção — trabalho produtivo — daquelas que não o são — trabalho improdutivo — e que, portanto, participam dos lucros referenciados na identidade acima. Em outros termos, é uma questão em aberto a real dimensão do excedente econômico. Como vimos, temos uma tendência a considerar o excedente como poupança: o que sobra, uma vez satisfeitas as necessidades básicas histórica e culturalmente definidas. Contudo, como as necessidades do ser humano são infinitas, o excedente econômico passa a ser uma categoria analítica conceitualmente igual ao investimento, poupança e lucro para a teoria macroeconômica convencional. Dissolve-se aparentemente assim a sobreposição do trabalho improdutivo sobre o trabalho produtivo na atualidade.

Na dinâmica capitalista, o salário dos trabalhadores produtivos perde espaço para a composição da renda formada pelo trabalho improdutivo. Essa última ganha mais do que suas necessidades correntes requerem e, portanto, acumula riqueza ao longo do tempo, desde que o sistema econômico se comporte para gerar oportunidades de sua valorização, caso contrário o sistema entra em colapso. Assim, os trabalhadores improdutivos tem garantias reais, acumularam riquezas, para acessar com menos limitações os créditos fornecidos pelo sistema financeiro, criando demanda efetiva.

5.
Contabilidade Nacional

O ESTUDO DA MACROECONOMIA requer o conhecimento prévio dos agregados econômicos. Mensuramos o produto de uma economia e as partes que o compõem aplicando princípios contábeis e denominamos esta parte do estudo de *Contabilidade Nacional*. As contas nacionais fornecem as medidas efetivas dos agregados econômicos que compõem a estrutura funcional do Produto e da Renda de um país. A contabilidade nacional não somente fornece medidas de desempenho da economia contabilizadas pela produção de bens e serviços, mas também evidencia as relações funcionais entre elas, partindo de três variáveis macroeconômicas básicas: Produto, Renda e Despesa. Os bens e serviços produzidos *(produto)* significam dispêndios: *despesa* com os fatores de produção que serão consumidos por meio da *renda* paga aos proprietários dos fatores de produção. Assim, a Renda, a Despesa e o Produto contabilizam o mesmo valor no período do exercício e podem ser decompostos em grandes agregados econômicos como tributação e gastos do governo, rendas dos exportadores e gastos com importação, poupança e investimento, consumo das famílias e outros[27]. Pode também ser olhado pelos valores criados setorialmente — setores primário, secundário e terciário — bem como por grandes entidades — governo, família, comércio exterior, sistema financeiro, serviços e outras.

O Produto Nacional Bruto (PNB) e o Produto Interno Bruto (PIB) são as medidas mais divulgadas pelos meios de comunicação. O PNB e o

---

[27] Ver IBGE, Notas Metodológicas, 2008.

PIB são as medidas agregadas de tudo o que foi produzido em termos de bens finais pelos fatores de produção: a força de trabalho, recursos naturais e o capital, na versão mais simples. Suas contrapartes nominais são os salários, aluguéis, lucros e juros, respectivamente.

O PNB contabiliza os rendimentos dos fatores nacionais de produção localizados no país e no exterior. Ao mesmo tempo, não considera o rendimento auferido pelos fatores de produção de propriedade de não residentes dentro das fronteiras do país. As entradas e saídas desses rendimentos são contabilizadas no Balanço de Pagamentos. O saldo da diferença entre os pagamentos e recebimentos enviados e recebidos do resto do mundo devido a juros, lucros, dividendos, *royalties*, ordenados e salários ao pessoal trabalhando no estrangeiro e dos estrangeiros trabalhando no país, e também pela utilização de marcas e patentes, dentre outros, é denominada de renda líquida enviada ao exterior (RLEX).

O PIB por seu lado evoca a ideia de território. Ele mensura o valor total dos bens e serviços finais produzidos dentro das fronteiras do país independente de a quem pertence os fatores de produção, sejam eles dos residentes ou dos estrangeiros (não residentes). Assim, o PIB tende a ser maior do que o PNB nos países em desenvolvimento ou subdesenvolvidos, já que neste países as saídas de renda das filiais, subsidiárias ou controladas de multinacionais dentro das fronteiras nacionais são geralmente superiores à renda recebida pelos residentes dos seus investimentos feitos no exterior. A diferença entre PNB e PIB é justamente a RLEX.

A maioria dos países passou a enfatizar mais a divulgação do PIB do que do PNB a partir dos anos 1980. Na passagem dos anos de 1980/1990 os países adotaram políticas econômicas neoliberais favorecendo o livre jogo das forças de mercado, em detrimento da intervenção governamental no mundo econômico. Nesse contexto, os investidores sentiram-se à vontade para transladar seu capital para países que ofereciam maiores rentabilidades. Empresas passaram a maximizar seus lucros e a crescer fragmentando seus processos de produção entre vários países, de modo a constituir produtos mais baratos em relação à opção de produzi-los em um só local. Essa estratégia das grandes corporações avançou em quase todos os países. Assim, os investimentos diretos externos e os fluxos internacionais de bens e serviços aumentaram substancialmente no final do século XX e início do XXI. Pelos dados da UNCTAD entre 1980 e 1990 o crescimento dos fluxos de investimentos externos diretos no mundo foi de 283%. Nos dez anos seguintes o crescimento alcançou a surpreendente marca de 567%. No ano de 2008 o fluxo total de investimento externo direto foi de 1,7 trilhões de dólares. No ano de 1980 esse valor representava apenas 54 bilhões de dólares. No período de 1990 a 2000 o crescimento do comércio internacional foi de 85% e entre o ano 2000 e 2008 o crescimento foi de 149%, totalizando um comércio neste último ano de 16 trilhões de dólares.

O PNB e o PIB, bem como a contrapartida Renda, nos fornecem informações agregadas. Suas quantificações representam o quanto de produtos e serviços finais foi construído em determinado período pelas habilidades das forças de trabalho intensificadas pelas técnicas de produção existentes. As instituições privadas e públicas, as capacidades técnicas de produção, as habilidades das forças de trabalho e toda uma rede complexa de fatores intervenientes na vida social de um povo demarcam a quantidade, tipo e qualidade dos bens e serviços finais gerados socialmente. Contudo, os bens e serviços construídos são contabilizados pelas estatísticas oficiais desconsiderando vários aspectos relacionados à saúde, educação, segurança e ao bem-estar da sociedade. Por hora, vamos tratar tanto o PNB quanto o PIB simplesmente como Produto.

A medida do Produto representa o valor de todos os bens e serviços finais correntemente produzidos na economia e avaliados a preços de mercado. É, portanto, uma medida básica do esforço da comunidade, frente suas condições históricas e regionais, na criação de mercadorias em um dado período. Inclui o valor de bens produzidos, como automóveis, aves, e ovos, juntamente com o valor de serviços, como o corte de cabelos ou o atendimento médico.

Do conceito de Produto depreendemos:

- a *renda* total dos assalariados e daqueles que recebem juros, aluguéis, lucros e dividendos se origina na criação do Produto;
- a *despesa* agregada com bens e serviços na economia é igual ao valor do Produto.

O produto da economia hoje em dia é geralmente subestimado pois não inclui os produtos e serviços fabricados sem pagamento formal aos fatores. É o caso dos serviços domésticos realizados pelos cônjuges e os produtos criados de modo informal, sem relações de assalariamento. Incluem-se nesta categoria os vendedores ambulantes (camelôs), o trabalho do biscateiro, guardadores autônomos de automóveis (flanelinhas), os alimentos (quentinhas e sanduíches) feitos por produtores independentes, e outros serviços e produtos dedicados na economia, geralmente sem a entrega de uma nota fiscal afirmando o valor do serviço ou valor do produto. Além desses produtos e serviços não avaliados por não envolverem pagamentos aos fatores, existem certas circunstâncias e condições que propiciam produtos de difícil mensuração, tais como: poluição, agressão ao meio ambiente, o trabalho de voluntários, os ganhos com operações ilegais com o narcotráfico e jogos de azar, e a perda em eficiência e produtividade devido a fatores externos (Custo Brasil, etc.).

De fato, a maioria dos países não fornece estatísticas oficiais de algumas realidades da vida moderna. Os engarrafamentos de trânsito requerem maior produção de combustível, bem como reduzem a vida útil dos veículos. O tabaco, além de fazer parte do produto, eleva os custos com a saúde de camada expressiva da população (parcela dos fumantes ativos e passivos). Há evidências científicas de que substâncias fabricadas pelo homem estão destruindo a camada de ozônio que protege animais, plantas e seres humanos dos raios ultravioletas emitidos pelo Sol. O governo e as empresas (gastam) contratam instituições especializadas no monitoramento e descobrimento de produtos e processos produtivos que atenuam ou extinguem os efeitos maléficos causados pelo avanço do progresso industrial. Novos medicamentos são criados para combater doenças causadas pela poluição ambiental e de pele devido a maior incidência de raios ultravioletas. Estudos de logística têm sido demandados para reduzir custos causados pela ineficiência dos transportes. A maior incidência de criminalidade requer novas armas e aparato policial mais abrangente, etc.

Estas perdas e ganhos tendem a ser ignorados pelas estatísticas governamentais que mensuram o Produto a partir de cálculos que requerem somente os gastos efetivos, não interessando se eles foram compensatórios ou não em relação aos malefícios causados pelo progresso técnico ou ineficiência econômica.

Samuelson e Nordhaus (2001), com a intenção de corrigir a ênfase excessiva dada pelo PNB e pelo PIB à produção material, criaram uma medida diferente da vida econômica, chamada de bem-estar econômico líquido (ou BEEL). O BEEL nos Estados Unidos tem crescido desde 1929, o que faz pensar que os níveis de vida efetivos têm aumentado. Mas tem crescido mais devagar que o PIB medido convencionalmente, o que confirma que a mera avaliação monetária a preços de mercado deixa escapar muitos aspectos importantes da vida econômica. Muitos países atualmente se preocupam em mensurar a ineficiência econômica e os efeitos deletérios no meio ambiente causados pelo progresso econômico. Na verdade, PIB e o PNB são medidas que procuram quantificar tudo que foi produzido, mas são incapazes de demonstrar a angustias e desconforto humano: mensuram tudo que é material, mas não quantificam muitas coisas que fazem a vida valer a pena.

Em 1993, o Programa das Nações Unidas para o Desenvolvimento (PNUD) desenvolveu o Índice de Desenvolvimento Humano (IDH), passando a recomendar sua aplicação aos demais países. A metodologia usa como parâmetros não somente a renda, mas também índices de longevidade e nível educacional. No *rank* de 189 países que participam das Nações Unidas o Brasil alcançou a 79ª posição, ficando atrás de países como o Venezuela, Cuba, Argentina, Chile e Panamá no ano de 2017, para citar somente aqueles dentre os países da América Latina.

Esta, inclusive, tem sido uma tendência cada vez mais presente na economia contemporânea: a indicação e elaboração de pesquisas que apontem não somente o alcance da produção com base na disponibilidade dos recursos produtivos, mas sim a adequada consideração com os processos produtivos de forma global com vistas ao melhoramento dos indicadores sociais. Para reforçar essa argumentação, vale frisar que algumas empresas, sob o manto universal da preservação ambiental e busca por um maior bem-estar da população, têm dedicado parcelas de seus investimentos a projetos de cunho social e frequentemente apresentam em seus balanços os investimentos sociais que fizeram.

6.1 A Mensuração do Produto e da Renda

As medidas do Produto referem-se ao valor de todos os bens e serviços finais na economia num dado período. Inclui o valor de bens como bicicletas e suco de laranja e o valor de serviços de corretagem de títulos, transporte, serviços médicos, etc. Cada item é avaliado ao preço de mercado, sendo todos os valores dos bens finais somados para se obter o Produto. Numa economia simples que produz vinte bananas, cada uma avaliada a trinta centavos, e sessenta laranjas avaliadas a 25 centavos cada, o Produto seria igual a R$ 21,00 $(21 = 0{,}30 \times 20 + 0{,}25 \times 60)$.

Há certas sutilezas no cálculo do Produto. Em primeiro lugar estamos falando de *bens e serviços finais*. A ênfase na palavra final é uma forma de termos a certeza de não incorrer em dupla contagem. Por exemplo, não devemos incluir o preço total de um automóvel no Produto e depois o valor dos pneus que foram vendidos ao fabricante do automóvel. Os componentes do carro, vendidos pelos fabricantes, são chamados de bens intermediários e seu valor é incluído no Produto ao ser contabilizado o custo/preço do automóvel.

Na prática, evita-se a dupla contagem trabalhando com o conceito de valor adicionado ou agregado. A cada etapa da produção de um bem somente o valor adicionado ao produto daquele segmento é considerado. O algodão retirado da terra improdutiva pelo camponês inicialmente tem valor porque ele transformou a terra em algo de valor: plantação de algodão. O fio produzido pelo tecelão com o algodão, menos o valor deste (algodão), é o valor adicionado ao algodão que o transforma no fio do tecelão. Continuando esse processo; o fio incorpora certo valor através do trabalho, ou processo de transformação, fazendo surgir o tecido, e o tecido, sofrendo processo semelhante, em camisa. A soma dos valores adicionados a cada etapa do processo produtivo será igual ao preço da camisa vendida. Em outras palavras, o valor adicionado em cada etapa produtiva é igual ao preço do bem ou serviço subsequente menos os preços dos insumos imediatamente antecedente.

Os pagamentos aos fatores de produção em cada etapa produtiva dentro da indústria têxtil, por exemplo, são entendidos como fluxos de renda e correspondem somados ao valor dedicado ao setor de confecções. Este, por sua vez acrescenta valor à cadeia produtiva ao produzir os artigos de vestuário, colocando à disposição do comerciante que acrescenta mais valor ao aproximar esses artigos do consumidor final.

O valor que se adiciona ou se agrega nas distintas etapas compõe um processo de transformação engendrado pelo trabalho humano. Ademais, o maquinário, as instalações, os métodos de gestão (financeira, produtiva, contábil, etc.) e demais materiais que entram na composição de um produto final foram criados também, no passado, pelo trabalho humano.

Assim, o Produto representa a medição do *esforço humano* histórica e regionalmente determinado. Quando mais desenvolvido um país menor será o esforço humano *contabilizado no exercício* dedicado à reprodução social, ou alternativamente maior será o produto social, por conta do desenvolvimento tecnológico acumulado. Mais *trabalho improdutivo* e menos *trabalho produtivo*, na versão marxista. De fato, quanto mais desenvolvido um país menor será o esforço humano *presente* na elaboração dos bens que atendam às necessidades materiais de seus cidadãos, conquanto maior seja o estoque de maquinário e desenvolvimento tecnológico acumulado. Em 2017 estima-se que o PIB brasileiro foi aproximadamente de 2 trilhões de dólares enquanto o dos EUA foi superior a 20 trilhões de dólares!

O Produto é mensurado em termos nominais, isto é, em termos de preços dos produtos observados no mercado. Contudo, os pagamentos efetuados aos fatores de produção — salários e subsídios aos trabalhadores e lucro, incluindo rendas do capital como dividendos, aluguéis, juros, tributos e subsídios governamentais ao capital — formam a Renda da economia. Assim, Renda tende a ser igual ao Produto.

O Produto e a Renda consistem no valor correntemente produzido. Ficam excluídos não só os insumos e bens intermediários, mas também as transações de bens já existentes, como moradias ou obras de arte antigas. Contabilizamos a construção de novas casas, ou a reforma das já existentes como partes do Produto, porém não adicionamos as transações comerciais dos imóveis construídos em exercícios passados e dos automóveis de segunda mão. Contamos, contudo, como parte do Produto o valor dos honorários dos corretores de imóveis e de automóveis. O corretor fornece um serviço ao aproximar vendedor e comprador de coisas construídas no passado e isso é considerado um trabalho especializado no tempo presente.

Quando contabilizamos todas as transações efetivadas em um período — incluindo os insumos e demais compras e venda — denominamos esta medida de Valor da Produção.

A mensuração do Produto é feita a preço de mercado ou a custo de fatores. É importante saber que os preços de mercado incluem impostos indiretos, como o imposto sobre vendas e vários impostos de consumo, e assim o preço de mercado dos bens não é igual ao preço contabilizado pelo vendedor da mercadoria.

O preço da mercadoria líquido de impostos indiretos (IPI e ICMS, por exemplo) constitui o custo de fábrica que vem a ser a quantia recebida pelos fatores de produção, deduzida de encargos tributários, que participaram na fabricação do produto (custo dos fatores). O Produto pode, portanto, ser avaliado a preço de mercado e a custo de fatores (excluindo os impostos). Esse ponto torna-se importante ao relacionarmos o Produto à Renda recebida pelos fatores de produção, pois parte desta última compõe a receita tributária.

5.1.1 Distinção entre Produto Bruto e Produto Líquido

O Produto Líquido (PL) distingue-se do Produto Bruto pela dedução que se faz desse último da depreciação do estoque de capital que acontece no decorrer do período. Por exemplo, uma dona de casa vê sua residência se depreciar com o tempo e o empresário observa suas máquinas se desgastarem com o uso. Se não fossem empregados recursos para manter ou substituir o capital existente depreciado, o produto não poderia ser mantido em seu nível corrente. Assim utilizamos o conceito de PL como medida da taxa de atividade econômica que poderia ser mantida por longos períodos, dado o estoque de capital e força de trabalho existente. A depreciação é a parcela do produto que deve ser assegurada para se manter a capacidade de produção da economia no nível preexistente e assim a deduzimos do Produto Bruto para obter o PL. Tendemos a divulgar mais o Produto Bruto do que o PL pelas estimativas de depreciação serem bastante imprecisas, e também porque esses dados não são rapidamente encontrados.

Para o entendimento perfeito, podemos imaginar um trabalhador que ganhe dinheiro suficiente somente para garantir a sua sobrevivência e de sua família, ou seja, repor energias para continuar trabalhando e a família continuar vivendo. Qual o seu produto bruto? O quanto ele ganhou com a sua produção. Qual o seu produto líquido? Nenhum, pois tudo que ele ganhou foi exatamente para repor a energia gasta no processo produtivo.

5.1.2 Renda Nacional e Renda Pessoal

A Renda Pessoal é a Renda Nacional a) menos as rendas ganhas por pessoas jurídicas, b) mais o saldo entre os juros pagos e recebidos e c) mais as transferências governamentais e os dividendos pagos às famílias. O nível da renda pessoal é importante por ser um determinante primordial do consumo das famílias e dos hábitos de poupança.

Pagamentos aos fatores de produção domésticos = PIB

PIB + renda líquida enviada ao exterior = PNB

PNB – depreciação = PL

PL – Impostos indiretos = RN

RN – Lucros – encargos sociais + juros + rendas de capital + transferências governamentais = Renda pessoal

Renda pessoal – Impostos pessoais = Renda pessoal disponível.

Depois de efetuados esses ajustamentos, o resultado representa uma medida da renda recebida por indivíduos e pelos negócios de pessoas físicas. A Renda Pessoal Brasileira se contabiliza mensalmente, ao contrário da Renda Nacional, que é publicada trimestralmente.

Embora tenhamos chegado à Renda Pessoal, partindo da Renda Nacional e fazendo ajustamentos subsequentes, reconhecemos que também seria possível construir uma estimativa da Renda Pessoal verificando seus componentes. De modo particular, a Renda Pessoal consiste na renda do trabalho, aluguéis, dividendos e a renda de juros acrescida de transferências governamentais de várias ordens, menos os tributos.

Note-se que os efeitos de altas taxas de juros e da carga tributária no Brasil têm implicações sensíveis para a Renda Pessoal. A princípio, o fato de elas serem altas implicaria em uma transferência de renda do Governo aos poupadores líquidos (geralmente os ricos) que aplicam em títulos do Governo ou fundos de Renda Fixa. Assim, toda a sociedade, através dos aumentos de impostos ou da dívida interna, financia o aumento da riqueza dos poupadores líquidos. Além disso, os devedores líquidos (que geralmente são os pobres) são penalizados por altas taxas de juros cobradas de bancos influenciados pela taxa de juros oferecida pelo Governo — vulgo SELIC. A preocupação de cunho distributivo sugere que no agregado os efeitos da taxa de juros sejam compensados (o que é pago pelo Governo aos poupadores é igual ao que é gasto pelos devedores). No entanto, não há garantias de que isso realmente ocorre. Esse aspecto serve para ilustrar como as decisões econômicas focadas em determinados aspectos podem ter efeitos secundários nem sempre esperados ou desejados.

Um fato digno de nota é a distribuição de renda no Brasil. Ela é uma das mais concentradas dentre todos os países. O índice geralmente usado por economistas e formuladores de políticas públicas que procuram mensurar os níveis de desigualdade é o coeficiente de Gini[28]. Em 2016, pelos cálculos desse coeficiente o Brasil ficou atrás da África do Sul e Namíbia, para ilustrar.

O Brasil tem uma das maiores concentrações de renda do mundo, ficando historicamente no *rank* dos cinco países com piores distribuição de renda. Isso significa que, dos valores produzidos, poucos no Brasil (1% da população) se apropriam da maior parcela do PIB (50%), ao passo que os demais, que são muitos (99%), apropriam-se do restante do produto. Para o caso brasileiro este coeficiente tem girado ao redor de 0,5 para os anos entre 2010 e 2017. A divisão da renda nacional reflete questões sensíveis como a participação da mão-de-obra na produção, as taxas de lucro praticadas pelo setor privado, transferências de rendas, distribuição patrimonial na sociedade e outras.

5.1.3 Produto Real e Nominal

O produto nominal é mensurado aos preços do período ou, como se diz às vezes, em moeda corrente. Assim, o produto nominal do ano X mede o valor dos bens produzidos a preços de mercado no ano X. Porém o valor do produto muda de ano para ano por duas razões. A primeira é

---

[28] O coeficiente de Gini se calcula como uma razão das áreas no diagrama da curva de Lorenz. Se a área entre a linha de perfeita igualdade e a curva de Lorenz é A e a área abaixo da curva de Lorenz é B, então o coeficiente de Gini é igual a . Esta razão se expressa como porcentagem ou como equivalente numérico dessa porcentagem, que é sempre um número entre 0 e 1, no qual 0 indica que todas as riquezas são apropriadas de forma igual pela sociedade e 1, toda a riqueza é concentrada em uma única pessoa. O coeficiente de Gini pode ser calculado com a Fórmula de Brown, que é mais prática:

$$G = \left| 1 - \sum_{k=0}^{k=n-1} \left(X_{k+1} - X_k \right)\left(Y_{k+1} - Y_k \right) \right|$$

na qual: G = coeficiente de Gini; X = % acumulada da variável "população"; e Y = % acumulada da variável "renda".

que a quantidade de bens produzidos varia. A segunda é que os preços de mercado também variam. Imaginemos uma economia que produzisse exatamente os mesmos produtos em termos de quantidade e qualidade durante dois anos, mas os respectivos preços aumentem em 100% no final do segundo ano. O produto nominal do segundo ano seria maior (o dobro em termos nominais), muito embora o produto físico real da economia não tivesse se alterado.

O produto real é uma medida que tenta considerar variações do produto físico da economia entre diferentes períodos isolando a variação de preços. É medido, na contabilidade nacional, aos preços de um ano de referência. Isso significa que ao calcularmos o produto real, as quantidades de hoje são multiplicadas pelos preços que prevaleceram naquele ano (de referência), a fim de se obter a medida do que valeria a produção de hoje se vendida aos preços do ano de referência.

Podemos exemplificar supondo uma economia que produzisse apenas bananas e laranjas. A produção e os preços hipotéticos de bananas e laranjas em dois anos são mostrados na tabela a seguir. O produto nominal no ano de referência era de 11,25 *un* e o produto nominal atual, 21 *un*, representando um aumento de 87%. Contudo, grande parte do aumento do produto nominal é puramente resultado do aumento de preços entre os dois anos e não reflete aumento da produção física.

Ao calcularmos o produto real atual pela avaliação da produção do mesmo ano, a preços do ano de referência, encontraremos 13,80 *un* para o produto real, representando um aumento de 23% ao invés de 87%. O acréscimo de 23% espelha uma medida melhor do aumento do produto físico da economia do que o acréscimo de 87%, por conta de aspectos monetários.

Tabela 1

Uma ilustração do produto real e nominal

Produto nominal do ano de referência			Produto nominal atual			Produto real atual		
Produção	Preço unitário	Valor total	Produção	Preço unitário	Valor total	Produção	Preço unitário	Valor total
15 bananas	0,15c	$2,25	20 bananas	0,30c	$6,00	20 bananas	0,15c	$3,00
50 laranjas	0,18c	$9,00	60 laranjas	0,25c	$15,00	60 laranjas	0,18c	$10,80
Produto		$11,25	Produto		$21,00	Produto		$13,80

A produção de bananas elevou-se em 33%, enquanto a de laranjas, 20%, do ano de referência ao dia de hoje.

Nessas condições, deveremos situar a nossa medida do aumento de produto real entre 20 e 33%. O aumento do produto real mensura as quantidades produzidas no presente com os preços de mercado observados no passado (ano de referência). São denominados produtos a preços constantes, justamente pelos preços manterem-se invariáveis durante o período considerado.

5.2 Índices de Preços

O cálculo do Produto Real nos fornece uma medida útil da inflação. O deflator do Produto é a razão entre o Produto nominal e o real. Ele serve como medida da inflação a partir do período em que os preços do ano referenciado foram utilizados para o cálculo do Produto real.

Voltando à Tabela 1 chegamos a uma medida da inflação, entre os anos hipoteticamente considerados, pela comparação do valor do produto com os preços atuais e o valor do produto com os preços do ano de referência. A relação entre o Produto nominal e o real é de 1,52 (21/13,80). Em outras palavras o produto é 52% mais elevado hoje do que quando avaliado aos preços mais baixos do ano de referência. Atribuímos o aumento de 52 % à variação de preços ou inflação no período considerado.

Uma vez que o deflator se baseia em um cálculo que inclui todos os bens produzidos pela economia, é um índice de preços abrangente utilizado para medir inflação. No Brasil é denominado Índice Geral de Preços (IGP). As instituições que trabalham com as estatísticas calculam, além do IGP, outros índices ou *deflatores* para produtos restritos a cestas de bens pré-definidas. Abaixo listamos alguns deles calculados para o Brasil:

- Índice de Preços por Atacado (IPA) Disponibilidade Interna;
- Índice Nacional de Custo da Construção (INCC);
- Índice de Preços ao Consumidor (IPC);
- Índice de Preços ao Consumidor (IPC–FIPE);
- Índice Nacional de Preços ao Consumidor Amplo (IPCA);
- Índice Nacional de Preços ao Consumidor (INPC).

Os Índices de Preços ao Consumidor (IPC), por exemplo, baseiam-se em cestas de bens adquiridos somente pelo consumidor urbano. Os preços coletados dos produtos contidos nesta cesta são ponderados por quantidades previamente fixadas. Essas quantidades somente são alteradas quando ocorrem mudanças bruscas e/ou de caráter estrutural no padrão de consumo desse estrato da população. Assim, esses índices restritos medem o custo de dada cesta de bens que é a mesma de ano para ano. Por isso algumas famílias estranham quando os seus orçamentos não batem com o crescimento do índice construído a partir de uma cesta definida: simplesmente elas tem gastos adicionais em bens e serviços que participam de modo diverso na construção do mesmo.

A cesta de bens incluída no Índice Geral de Preços (IGP) difere de ano para ano, pois depende daquilo que é produzido pela economia no período. Os produtos avaliados no IGP, em dado ano, são os mesmos que a economia produziu no período. Quando a safra de milho for grande, recebe peso correspondente no computo do IGP. Ao contrário, os demais índices de preço medem o custo de um pacote fixo de bens que não varia com o decorrer do tempo. Os índices restritos incluem automaticamente os preços dos importados, enquanto o Índice Geral de Preços inclui apenas o preço de bens produzidos no país, embora estes incorporem em certos casos a variação de preço dos insumos importados. Para atenuar essas distorções entre os índices, os órgãos que cuidam das estatísticas nacionais utilizam uma média entre os restritos para expressar o IGP.

Um índice de preços relevante é o Índice de Preços por Atacado (IPA). É uma medida do custo de determinada cesta de bens que são adquiridos no atacado e não na última etapa de consumo, que é o consumo no varejo. O IPA é diferente do IPC, pois leva em conta as matérias-primas e produtos semiacabados. Diferencia se também na finalidade, uma vez que se destina a medir os preços num estágio preliminar do sistema de distribuição.

Enquanto o Índice de Preços ao Consumidor (IPC) mede os preços onde as famílias urbanas efetivamente gastam — quer dizer, no varejo —, o IPA se estrutura a partir da primeira transação comercial significativa. Essa diferença é importante porque transforma o IPA num índice flexível de preços, capaz de assimilar variações no nível geral de preços, ou no IPC, algum tempo antes delas ocorrerem efetivamente. Por essa razão o IPA e o Índice de Construção Civil são usados como indicadores dos ciclos econômicos, sendo atentamente observados pelos analistas do mundo dos negócios.

A mecânica dos índices de preços pode ser ilustrada por várias fórmulas de índices de preços. O de Laspeyres é bastante usual:

$$(P_t^i \ Q_{t-1}^i \ / \ P_{t-1}^i \ Q_{t-1}^i) \times 10$$

Vemos que no denominador as quantidades Q e os preços P estão cotados no ano de referência. O numerador fixa a quantidade com os preços atuais (t) no ano de referência. Observe que ele é diferente do aplicado no exemplo anterior no qual utilizamos os mesmos preços do período de referência na produção atual. O índice de Laspeyres considera as quantidades fixas entre os períodos.

No exemplo anterior os preços eram constantes, mas as quantidades referiam-se ao apurado nos anos considerados. Existem outras medidas para se calcular índices de preços e quantidades e tantos outros podem ser criados, a depender do objetivo que se persegue e da criatividade do analista econômico[29].

5.3 Renda e o Balanço de Pagamentos

O Balanço de Pagamentos é uma extensão das contas nacionais. Nele se registram as transações econômicas entre residentes e não residentes do país. Sua importância para a formulação de políticas econômicas mantém caráter distintivo nos dias atuais, devido ao aumento da interdependência entre os países com a aplicação das políticas neoliberais e de sua complexidade por envolver preços de produtos cotados em diferentes moedas. O Balanço de Pagamentos pode apresentar certa independência em sua constituição, mas deve ser olhado como subsumido à economia doméstica. Existe um nexo entre mercado doméstico e mercado externo e o ganho em um deles geralmente é estabelecido em detrimento do outro, como veremos no próximo capítulo.

---

[29] Para se ter uma ideia de criatividade na elaboração de índices de preços no Brasil, recomendamos ver: BANCO CENTRAL. Índice de Preços no Brasil, Série Perguntas Frequentes, 2012.

As transações entre residentes e não residentes de um país são efetuadas pelos setores público e privado em dois grandes grupos:

a) Transações correntes (CT): inclui o comércio de bens e serviços (balança comercial), pagamentos pela utilização de fatores de produção de propriedade dos residentes no exterior e dos não residentes no país — rendas enviadas e recebidas — e transferências unilaterais;

b) Conta Capital e Financeira (CCF): contabiliza as transferências de ativos reais (Conta Capital), financeiros e monetários de toda ordem (Conta Financeira).

Temos dois tipos de transações que devem ser claramente apreendidas. A primeira é o comércio entre países de produtos e serviços novos que se registram como transações correntes. São bens, serviços e rendas transacionados entre residentes e não residentes de um país: importação, exportação, rendas de serviços, pagamento/recebimento pela utilização de marcas e patentes, know-how etc. O segundo tipo de transação significa transferências de propriedades: compra e venda de ativos reais e financeiros. Representam os investimentos reais e financeiros externos dos residentes no exterior e dos não residentes no país.

O ativo e o passivo do balanço de pagamento são formados por produtos *novos* e *usados*. Os *novos* entram nas contas nacionais fazendo parte da economia doméstica em curso (transações correntes). Os produtos *usados* são transferências de propriedade (real, monetária ou financeira) já contabilizados nas contas nacionais em exercícios anteriores no país de referência e no exterior. Esses ativos podem ser revendidos ou refinanciados, cujas titularidades mudam de mãos fazendo variar as reservas internacionais do país, mas as transferências de propriedade não aumentam o produto e não alteram quantitativamente o excedente econômico.

Os produtos *novos* representam esforços na criação de valores de troca que serão apropriados por outros países durante o curso do processo produtivo. Nesse caso existe uma diferença substancial em termos econômicos entre uma transação de compra e venda de terras, propriedades e empresas e a aquisição de bens e serviços novos que serão consumidos pelas famílias ou na produção, como insumos ou partes e peças, imediatamente. Privatização das empresas estatais, como assistimos no passado recente em vários países, exibem mudança de titularidade proprietária não criando novos valores de troca. Assim, os investimentos externos dos não residentes e residentes são ativos reais ou financeiros que mudam de mãos internacionalmente. São contabilizados como um ativo (passivo) no Balanço de Pagamento, com a consequente diminuição (aumento) das reservas internacionais.

O método contábil para se fazer os registros no Balanço de Pagamentos é o de partidas dobradas, no qual um registro representa a natureza econômica e o outro a contrapartida monetária ou financeira. Os lançamentos são feitos em dólar americano. Qualquer transação que signifique um pagamento ao exterior é contabilizada como um débito no Balanço de Pagamentos e recebe sinal negativo (–). Uma transação que resulte em entrada de dinheiro do exterior é lançada como crédito (+).

Exportações e importações de bens e serviços são lançados diretamente em transações correntes. Seus pagamentos, contudo, geralmente envolvem operações financeiras e são lançados na conta financeira com sinal contrário. Uma exportação convencional, por exemplo, resulta em ordem de pagamento depositada no sistema bancário em dólares (sinal positivo) a favor da empresa exportadora. A empresa exportadora, por sua vez, deverá receber em moeda nacional o equivalente ao produto de sua venda em dólares. Assim, o banco do exportador vende os dólares (sinal negativo) recebido pela venda externa e repassa à empresa exportadora em moeda nacional.

As importações seguem o mesmo raciocínio: o importador recebe a mercadoria (sinal negativo) dando uma ordem de pagamento à empresa estrangeira em moeda nacional por meio do *banco negociador* que será trocado por dólares (sinal positivo) e colocado a disposição do vendedor externo. Algumas exportações e importações são financiadas. A lógica é a mesma: uma empresa local recebe um financiamento internacional (sinal positivo) para adquirir um bem importado (sinal negativo). As transações com ativos financeiros, por seu lado, significam a manutenção de riqueza sob a forma financeira. Quando uma empresa nacional compra uma empresa estrangeira, a transação corresponde a um débito (saída de dólares) no Balanço de Pagamento do país da empresa nacional. A interpretação é que o país importou uma fábrica estrangeira, apesar de não haver deslocamento físico de mercadorias. Assim, ele (o país) tem um ativo externo (sinal positivo). Quando os estrangeiros compram imóveis, ações, títulos do governo, etc.

(entrada de dólares), eles compram ativos nacionais cuja contraparte vai acrescer o passivo do país e o ativo externo do país deles.

As reservas internacionais são oriundas do saldo em transações correntes, saldo em transferências de capital e dos ativos monetários e financeiros. Assim, um país pode ter um saldo comercial externo insignificante e apresentar reservas internacionais substanciais, justamente por estar o país liquidando seu patrimônio. O investidor estrangeiro, dono do ativo nacional, pode mais tarde vendê-lo em moeda nacional e converter o valor da transação em dólares que serão depositados em sua conta no exterior.

Para efeitos ilustrativos, segue abaixo as contas do Balanço de Pagamento do Brasil, ano de 2018. Fica o recado que parte das reservas internacionais com sinal positivo representa passivo externo e pertence portanto ao investidor externo, que pode utilizá-lo sob condições tributárias e legais do país como bem lhe aprouver.

Tabela 2.

Balanço de Pagamentos do Brasil, 2018. US$ milhões

Discriminação	2018*
I. Transações correntes	**−21.946**
Balança comercial	53.047
Exportações	239.537
Importações	186.490
Serviços	−35.734
Renda primária	−39.231
Renda secundária	−28
II. Conta capital	**440**
III. Conta financeira	**−25.708**
Investimento direto no exterior	14.695
Participação no capital	10.404
Operações intercompanhia	4.291
Investimento direto no país	76.817
Participação no capital	55.976
Operações intercompanhia	20.840
Investimento em carteira – ativos	458
Ações e cotas em fundos	1.990

Discriminação	2018*
Títulos de renda fixa	-1.532
Investimento em carteira — passivos	-8.971
Ações e cotas em fundos	-5.630
Títulos de renda fixa	-3.341
Derivativos — ativos e passivos	2.753
Outros investimentos - ativos	9.990
Outros investimentos — passivos [1]	-11.313
Ativos de reserva	2.928
Erros e omissões	-4.202
Memo:	
Transações correntes / PIB (%)	-1,17
Investimento direto no país / PIB (%)	4,11

Fonte: Banco Central do Brasil-BACEN.
Elaboração: Banco de Dados-CBIC.

Desde os anos 1950, quando o padrão de acumulação mundial se alterou radicalmente por conta do espetacular desenvolvimento tecnológico, originado pela Segunda Guerra Mundial, as relações entre países se tornaram intensas. Esse fenômeno produziu um debate em torno da definição de um *déficit* no balanço de pagamento, bem como da apresentação das contas que o integram. Vale observar que o Balanço de Pagamentos ideal tem saldo igual a zero, pois pela definição de balanço o ativo é sempre igual ao passivo, pela aplicação do método de partidas dobradas.

Quando ocorre das transações entre residentes e não residentes formarem um saldo monetário em divisas, os Bancos Centrais o emprestam/aplicam esse saldo, efetivamente zerando o Balanço de Pagamentos, pois tornam o passivo igual ao ativo.

Transações Correntes *(CT)* − Conta Capital e Financeira *(CKF)*
+ Haveres no exterior *(H)* = 0

Se a combinação entre o saldo em transações correntes e a conta de capital e financeira resultar em *déficit (superávit),* o pensamento convencional é que as condições econômicas entre o país e o resto do mundo criaram um excesso de demanda (de oferta) de divisas internacionais.

Os haveres externos representam justamente a variação das reservas internacionais (com o sinal trocado).

$$(CT) - (CK) + \Delta H = \Delta RI$$

Observe que o saldo em conta corrente negativo, embora possa ser coberto pela conta capital e financeira, indica na mesma medida a necessidade de financiamento externo. De fato, a contratação de uma dívida externa, embora o país imediatamente não requeira financiamento para equilibrar o Balanço de Pagamento, deverá constar, pois os valores da conta capital e financeira exibem transferências de propriedades que ficam à disposição de seus detentores e podem ser vendidos a qualquer momento pelos titulares desse passivo em dólares.

A conta capital e financeira mostra transferências patrimoniais reais e financeiras que a qualquer momento podem dar curso a novas negociações, pois são peodutos que estão mudando a titularidade de suas posses. O saldo em conta corrente, por seu lado, representa o que resultou monetariamente da troca de produtos e serviços entre residentes e não residentes consumidos ou ingressados no processo de produção. Indica posição credora com respeito ao resto do mundo se o valor do saldo for positivo, e posição devedora se for negativo.

6.
Função Consumo e Demanda Agregada

COMO VIMOS ANTERIORMENTE, a Contabilidade Nacional trata a quantificação da Renda e do Produto e de seus componentes (gastos do governo, tributação, consumo, investimento, poupança, importação e exportação) como variáveis independentes uma das outras. Nela os agregados econômicos são inventariados em um determinado período de tempo em moeda corrente, moeda constante ou em moeda internacional. Esse exercício da contabilidade é feito sem relacionar funcionalmente os agregados econômicos entre si. A disciplina macroeconomia faz justamente esse *dever de casa*: estabelece os nexos e a direção entre os agregados.

De fato os níveis da renda e do produto são condicionados pelas interações existentes entre os agregados econômicos. Existem nexos causais entre eles que impactam a renda e o produto final da economia e, por conseguinte, o nível de emprego. Com efeito, quando os investimentos, exportações, gastos do governo e os demais agregados econômicos variam, não impactam a renda e o produto na mesma magnitude de sua variação. Pode parecer estranho, mas o impacto causado pelas variações dos agregados na renda e no produto depende essencialmente da disposição dos indivíduos em consumir bens de serviços. Vejamos a importância do consumo colocando um pouco de lógica histórica.

6.1 Função Consumo

Uma das principais relações econômicas entre os agregados econômicos conhecida há bastante tempo cientificava que um acréscimo nos investimentos *(ΔI)* gerava um aumento proporcionalmente *(k)* maior no produto *(ΔP)*. Diferente de uma empresa que tenha sido mal sucedida nos seus esforços de investimento e portanto tenha sua renda diminuída ao final do exercício, no caso da economia como um todo um investimento mal sucedido resulta em aumento na renda, pois a coletividade se beneficia/apropria dos gastos em bens de investimento e contratação de recursos produtivos existentes para tocar o empreendimento que no caso infelizmente não foi para frente. Assim, o produto *(P)* tende a ser um múltiplo dos investimentos *(I)* dado por um parâmetro *(k)* maior ou no mínimo igual à unidade:

$$\boxed{\Delta P = k\,\Delta I}\;\; 01$$

$$k \geq 1$$

A questão central é: quais elementos determinam o parâmetro k? Por que os investimentos em uma localidade geram aumentos na renda diferentes quando efetuados em outras localidades? Essas e outras questões só foram respondidas nos anos 1920, com a simultânea formalização das contas nacionais, por Keynes e Kalecki.

O que se produz depende da existência de uma demanda efetiva; os investimentos terão maior ou menor impacto a partir dos estímulos causados pelo comportamento da variável *consumo*. O gasto no mercado de bens e serviços *(C)* é uma função do nível de renda *(Y)* e é razoável imaginar que as variações na renda impactem o consumo *(C)* proporcionalmente *(ΔC/ΔY)* de maneira estável e previsível, caso não ocorra algum fenômeno extemporâneo capaz de alterar os hábitos de consumo da sociedade.

$$C = f\,(Y)$$

Essa estabilidade constitui um poderoso preditivo ao resultado dessa relação, que Keynes denominou de propensão marginal a consumir *(pmgC)* = b = ΔC/ΔY. Essa propensão é condicionada passivamente aos níveis de rendas das sociedades que são diferentes entre si e dentro delas (por conta da distribuição de renda). Acréscimos na renda de países subdesenvolvidos ou em desenvolvimento tendem a exercer um impacto no nível de consumo mais elevado do que o verificado nas economias desenvolvidas, cujos acréscimos na renda geralmente são careados mais facilmente para a poupança, pois a carência em bens materiais tende a ser menor do que nas primeiras (subdesenvolvidas ou em desenvolvimento).

Na formação do consumo se inclui um consumo autônomo (C_a), que independe do nível de renda, consumo de subsistência e/ou extraído de um trabalho informal, por exemplo.

$$C = C_a + bY$$

segue a equação da reta, conforme gráfico 4:

sendo $b = \dfrac{\Delta C}{\Delta Y}$ e,

substituindo na identidade da renda: $Y = C + I$

$$Y = Ca + bY + I$$

Gráfico 4

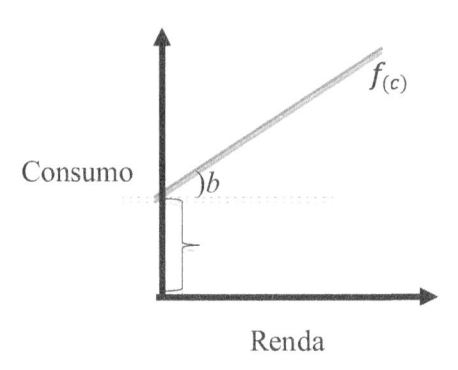

Quando ocorre uma expansão nos investimentos (ΔI), o produto/renda aumenta muito ou pouco em função da propensão a consumir da economia (b). Esse parâmetro tende a ser maior nas economias pobres em relação a propensão a consumir dos países ricos. De fato seu intervalo encontra-se compreendido entre [1≤ b > 0]. Sociedades pobres geralmente destinam parcelas dos acréscimos em sua renda para o consumo em detrimento à poupança. É razoável pensar que acontece justamente o contrário em sociedades ricas, onde seus cidadãos contam com facilidades para acessar um sem número de produtos e serviços. Podemos relaxar o consumo autônomo (coeficiente angular) sem perda de poder explicado da relação funcional entre renda e consumo.

$$\Delta Y = b\,\Delta Y + \Delta I$$
$$\Delta Y - b\Delta Y = \Delta I$$
$$\Delta Y\,(1 - b) = \Delta I$$
$$\Delta P = 1/(1 - b)\,\Delta I$$

Agora, volte à equação (01) e substitua k por $1 - (1 - b)$.

6.2 Multiplicador dos Investimentos

Chamamos $1/(1 - b)$ de Multiplicador dos Investimentos. O acréscimo no produto *(ΔP)* causado pelo investimento é determinado integralmente pela propensão marginal a consumir *(b)*[30].

Quanto mais próximo de zero, menor será o efeito do multiplicador dos investimentos e quanto mais próximo de um, maior o efeito multiplicador: sendo *b* a propensão marginal a consumir em relação aos acréscimos na renda *(ΔY)*. Então, $1 - b$ representa o complemento: propensão marginal a poupar, uma vez que o acréscimo na renda se distribui entre consumo e poupança das famílias.

Vamos utilizar um argumento demonstrativo. Suponhamos que a propensão marginal a consumir *(b)* de uma comunidade seja 0,4 e a propensão marginal a poupar seja o complemento: $1 - b = 0,6$.

Para um pacote de investimentos de 100 *un* inicial, a repartição se dará em 40 *un* para acrescer o consumo e 60 *un* destinados aos depósitos de poupança no sistema financeiro. Como ocorreu uma expansão de demanda agregada de 40 *un*, os empresários ficarão estimulados a atender essa demanda adicional e contam com uma poupança adicional de 60 *un*, disponível no sistema financeiro. Novos investimentos serão executados e o produto adicional, gerado nesta segunda virada, será repartido de novo

[30] Keynes reconhece na sua *Teoria Geral do Emprego, do Juro e do Dinheiro*, Coleção O Economista, 1983, Abril Cultural, SP, p. 87 que o "O conceito de multiplicador foi introduzido pela primeira vez, na teoria econômica, por R. F. Khan em seu artigo versando sobre "The Relation of Home Investment to Unemployment", *The Economic Journal* (June de1931).

entre consumo e poupança. Esse ciclo se repete indefinidamente cada vez com menos força, pois os acréscimos no nível de produto *(ΔY)* serão cada vez menores. Esses ciclos caracterizam um produto crescendo em progressão geométrica cuja soma dos acréscimos corresponde a multiplicação do primeiro termo — investimento inicial — pelo inverso da razão $(1 - b)$. Observe que este multiplicador e o parâmetro k mostrado anteriormente em $\Delta P = k\Delta I$.

$$\Delta P = (1/1 - 0,4) \times 100 \ un = 166,67 \ un$$

A decisão de investimento futuro depende dos lucros esperados. Os parâmetros utilizados pelos empresários para estimar lucros futuros podem ser tantos quanto a imaginação possa alcançar, mas é razoável esperar que a variação no produto — não o nível de renda — seja determinante para a prosperidade do ciclo dos negócios. O *acelerador dos investimentos* é justamente a relação entre o investimento realizado e as variações na demanda pelo produto. Assim temos que o estoque de investimento varia em função das variações na produção ocasionadas pela expansão da demanda causada pelo investimento inicial.

6.2.1 Acelerador dos Investimentos

$$\Delta \text{ capital} = \omega \ \Delta \text{ produto}$$

ω é o acelerador dos investimentos retratado pela relação entre o investimento e a variação da demanda efetiva.

Assim, para cada variação do produto teremos uma variação nos investimentos em função do acelerador *(ω)*. Espera se que quanto maiores (menores) forem as expectativas de consumo, maiores (menores) inversões de capital serão realizadas.

Essa questão é bem ilustrativa, pois demonstra que os investimentos são autofinanciáveis: o valor inicial deles retorna, em partes sucessivas, ao sistema financeiro sob a forma de poupança, em montante igual ao que será acrescido ao estoque de capital na economia. Os investimentos requerem uma poupança prévia, mas uma vez iniciado o ciclo de investimento, ele se financia criando poupanças proporcionadas pelo produto adicional dos sucessivos investimentos que se distribuem entre consumo *(b)* e poupança (1 − *b*). Vale dizer que o excesso de Produto sobre o consumo transforma-se em poupança à disposição dos investidores, intermediada pelo sistema financeiro.

6.3 Demais Multiplicadores

Desenvolvimentos operacionais assemelhados ao multiplicador dos investimentos determinando as funcionalidades existentes entre as diversas categorias macroeconômicas foram posteriormente estabelecidos. Da totalidade da renda nacional uma parcela representa os impostos *(T)* cuja magnitude impacta a o nível da renda nacional. De fato, os impostos arrecadados pelo governo significam uma transferência compulsória da poupança das famílias e empresas para a formação de uma poupança governamental, cuja contraparte são os gasto do governo em diversas modalidades: transferências de cunho assistencial, verba destinada a obras públicas, a acumulação de capital, e pagamento ao funcionalismo público, são as principais no caso brasileiro.

Assim, é a renda disponível *(Y$_d$)* que deve ser considerada na distribuição entre os gastos das famílias em consumo e formação das poupanças, como vimos nas contas nacionais:

$$Yd = Y - T + Tr$$

Onde *T* representa a parcela de tributos incidente sobre o Produto Nacional e *Tr*, as transferências governamentais.

A Renda Nacional utilizada para mensurar a propensão marginal a consumir *(b)* deve ser modificada, pois parcela da renda é capturada pelos tributos e expandida pelas transferências incidindo diretamente sobre o consumo.

$$C = b \, \Delta \, Yd$$

Em termos de impactos quantitativos no nível renda é indiferente se eles são causados pela exportação, pelo investimento ou pelo gasto do governo. Essas categorias geram ciclos de renda — produto que se distribuem entre salários (consumo e poupanças) e lucros (investimentos). Os multiplicadores da renda podem ser expressos a partir da identidade a seguir:

Importação

Exportação

$$M + PNB + T = C + I + G + X + Tr$$

Tributos

Transferências governamentais de
cunho assistencial

$$\Delta M + \Delta Yd + \Delta T = b\,\Delta Yd + \Delta I + \Delta G + \Delta X + \Delta Tr \quad (02)$$

De forma mais simples, podendo, para efeitos didáticos, mostrar os impactos brutos na renda causados pelos acréscimos decompostos em gastos governamentais, investimentos e exportações:

$$\Delta Y = (1/1{-}b)\,\Delta G$$

$$\Delta Y = (1/1 - b)\,\Delta I$$

$$\Delta Y = (1/1 - b)\,\Delta X$$

Em termos líquidos, as importações e tributos governamentais funcionam como amortecedores dos impactos dos demais multiplicadores. Considerando os efeitos na renda nacional *(Y)* das importações temos:

$$M = m\Delta Yd$$

Onde $m = \Delta M/\Delta Xd$ é a propensão marginal a importar: variação nas importações causada pela variação na renda nacional. Substituindo em (02) os multiplicadores da renda considerando o mercado externo são:

$$\Delta Yd = [(1/1 - b) + m]\,\Delta G$$
$$\Delta Yd = [(1/1 - b) + m]\,\Delta I$$
$$\Delta Yd = [(1/1 - b) + m]\,\Delta X$$

As transferências governamentais de cunho assistencial recebem tratamento diferente em termos de impacto na renda, uma vez que corretamente pressupomos que a renda dos mais pobres seja favorecida com essa política, mas não o suficiente para favorecer a formação de poupança. Assim, seu impacto aplica-se diretamente sobre a propensão marginal a consumir *(b)*: *b ΔTr*. Então:

$$\Delta Y = [(b/1 - b) + m]\ \Delta Tr$$

Em resumo, as Importações *(M)* têm o poder de amortecer os impactos causados na renda causados pela variação dos demais agregados econômicos ou, em outros termos; no caso de variação positiva nos agregados econômicos, ela joga contra o crescimento da renda. De fato, o aumento da atividade econômica doméstica favorece a economia por mais importações. Em resumo, os aumentos na renda causados por maiores investimentos, exportações ou gastos governamentais propiciam um processo de evasão de divisas externas.

6.3.1 Gastos do Governo em Investimentos Públicos

A ação política é define quantitativamente e qualitativamente os gastos do governo *(G)*. Os formuladores de política *(policy maker)* determinam os gastos governamentais em atendimento às classes e estamentos sociais apoiados em exposições de motivos técnicos. Assim, os gastos públicos — apesar de contingenciados pela arrecadação tributária e créditos governamentais (títulos de dívida pública) — ganham independência com respeito ao nível de renda.

Uma parte dos gastos se destina à assistência social e ao cumprimento de algumas funções básicas como saúde, educação, segurança e manutenção dos demais serviços públicos reguladores das funções do Estado (Legislativo, Executivo, Judiciário, Forças Armadas, para citar os mais comuns). Outra parte se destina a gastos extraordinários destinados à realização de obras públicas e concessão de subsídios a certas atividades que não são do interesse do empresariado devido sua baixa lucratividade privada, mas de elevado retorno social. É o caso dos projetos de investimento de grande porte voltados para prover a acumulação de capital da economia, não suportados inicialmente pela iniciativa privada, e atividades geralmente voltadas para a sustentabilidade social. Usinas de energia nuclear e hidráulica, grandes projetos siderúrgicos e de formação de vigorosa base industrial de defesa, são exemplos de iniciativa estatal, cujo prazo de maturação é longo, mas o atendimento à sociedade é prioritário. Uma vez os investimentos governamentais maturados, a lucratividade passa a ser objeto de disputa pela iniciativa privada. Processos de privatização das empresas estatais são estabelecidos quando o investimento inicial encontra-se plenamente amortizado. Esse processo não finda em si mesmo. Seu alcance vai até onde os investimentos governamentais são deslanchados e, uma vez o retorno garantido, é razoável imaginar que forças empresariais demandem sua captura por meio da contínua privatização do Estado.

O ordenamento dos gastos tem sua origem no Congresso Nacional. Sua eficácia macroeconômica é mensurada em termos da diminuição da taxa de desemprego da economia e maior bem-estar social. Sua avaliação é orientada pelos custos e benefícios sociais que se distanciam dos custos e benefícios privados em muitos casos. As políticas orientadas para o pleno emprego, em ambientes pouco democráticos, licenciam os governos para provimentos de gastos em obras faraônicas, negligenciando o ambiente que conduz os investimentos privados. Em algumas economias, por exemplo, assiste-se grandes obras públicas nos transportes como metrô, rodovias, pontes e prédios públicos, cuja grandeza mostra-se pouco razoável em termos da funcionalidade almejada, mas os resultados em termos de geração de empregos e constituição de uma maior renda nacional são utilizados pelos congressistas para justificar tais obras.

Assim, grandes empreendimentos, tidos como atraentes pela maioria dos eleitores, como a indústria armamentista nos Estados Unidos, a indústria petrolífera e grandes projetos de terraplanagem e construção civil no Brasil desde os anos 1950, vêm mantendo fortes vínculos com a ideia de um *Estado empreendedor*.

6.3.2 Transferências Governamentais e Impostos

As transferências governamentais *(Tr)* são destinadas a obras assistenciais como bolsa família e outros auxílios do governo de diversas origens: auxílio natalidade, auxílio funerário, salário-desemprego, aposentadorias e pensões de várias ordens, etc. Essas transferências pressupõem-se que sejam imediatamente utilizada. Nestes termos seu efeito multiplicador de renda no sistema econômico é sensivelmente menor em relação aos demais. A natureza dessas transferências tem competência com o consumo familiar, nada restando para geração dos ciclos poupanças/investimentos. Desse modo a parcela orçamentária do governo de cunho assistencial *(ΔTr)* é integralmente capturada pelo consumo das famílias de menor renda.

De maneira semelhante podem ser considerados os cortes e aumentos nos impostos indiretos por meio de suas alíquotas *ad valorem*. Elas representam uma variação de renda do consumidor final, ocasionada pela variação da incidência das alíquotas *ad valorem* dos impostos. Seu multiplicador é idêntico ao das transferências governamentais; incide diretamente sobre a propensão marginal a consumir *(b)*.

$$\Delta Y = (b/1 - b)\Delta T$$

Existem outras transferências que se caracterizam por iniciativas de fomento e e com características subsidiárias. O Estado arbitra ou subscreve contribuições às obras e atividades de interesse público envolvidas com bem-estar social provendo recursos e bolsas de estudos voltados para pesquisas da terra, saúde, ciência e tecnologia, sociedade de modo geral e do meio artístico, dentre outras atividades. No plano econômico, os subsídios quase que invariavelmente destinam-se à geração de emprego, por meio do incentivo a atividades produtivas voltadas para o incremento das vendas no mercado interno e externo. Neste último conjunto de incentivos, o impacto na renda se aproxima dos gastos do governo sob a modalidade de investimento público.

6.3.3 Comércio Exterior

6.3.3.1 Exportação

Exportações representam vendas dos produtos e serviços domésticos aos nossos parceiros comerciais externos. Como vimos, os preços são cotados em moeda internacional, na qual o importador paga em moeda internacional e o sistema bancário converte em moeda nacional entregando o resultado ao exportador. A existência de produtos e serviços além dos requeridos domesticamente — um excesso de produtos em relação ao consumo doméstico — é requisito necessário para a existência dos valores exportados, mas não é condição suficiente. O valor exportado, apesar dos esforços da empresa exportadora e de políticas governamentais de promoção a vendas externas, resulta da disposição do cliente externo em adquirir os produtos domésticos; depende portanto da renda mundial ou do parceiro comercial demandante do produto particular. As exportações contabilmente representam uma captação de poupança externa e seu impacto na renda nacional se assemelha ao impacto causado pelos investimentos privados ou gastos governamentais. Como visto, o efeito multiplicador de exportações na renda nacional segue sendo:

$$\Delta Y = (-1/1b) \; \Delta X$$

6.3.3.2 Importação

As importações exercem o papel de amortecer os impactos na renda causados pelos demais multiplicadores. Os acréscimos na renda favorecem proporcionalmente as importações causando uma evasão de divisas estrangeiras. Conforme a renda nacional aumenta, mais produtos deverão ser importados para atender o consumo corrente e os investimentos. Em outros termos, existe uma propensão marginal a importar $m = (\Delta M/\Delta Yd)$, assemelhada à propensão marginal a consumir $b = (\Delta C/\Delta Yd)$. A expansão da atividade econômica pressiona as importações de insumos, serviços, matérias-primas e bens intermediários. Favorece também a aquisição de bem de consumo corrente proveniente do estrangeiro. Assim, as importações propiciam uma evasão de renda capturada na formulação de um multiplicador ampliado de comércio exterior, como visto anteriormente.

6.4 Considerações Adicionais

Os multiplicadores de renda são utilizados pelas políticas monetárias e fiscais em diversos contextos, mas o objetivo comum é a aproximação da economia ao pleno emprego dos recursos produtivos. Os economistas contemporâneos passaram a debater menos os multiplicadores e mais as importâncias localizadas nas variáveis econômicas para expandir a demanda efetiva. De fato, a função consumo de Keynes é um princípio imbatível, apesar da existência de algumas deficiências operacionais demonstradas pela aplicação empírica[31]. No entanto, as ações de política econômica são objetos referentes a julgamentos de valor e por isso a discussão de sua aplicação segue tendo um alcance mais extenso no meio político, acadêmico e empresarial do que os multiplicadores de renda.

No caso das economias com desemprego em larga escala, nas quais se apresentam certas insuficiências de demanda efetiva, as políticas fiscal e monetária são aplicadas geralmente para crescer o produto por meio da ocupação da capacidade ociosa das empresas ou geração de novos investimentos privados para atender a demanda governamental. Os bons resultados dessas políticas já haviam sido demonstrados em 1930, quando se aplicou a flexibilização da contratação de dívida pública destinada ao aumento dos gastos governamentais, da criação de generosas linhas de fomento aos investimentos privados e da criação de incentivos aos gastos da população por meio de mecanismos atraentes à contratação de créditos e transferências governamentais nos Estados Unidos[32]. Nessa época era traumático o desemprego de recursos naquele país.

No caso das economias próximas ao pleno emprego, os instrumentos de controle da oferta e demanda por moeda influenciando a taxa de juros foram adotados para auxiliar os ajustamentos entre inflação e desemprego após a Segunda Guerra Mundial[33]. Nesta época assistiu-se em vários países, a partir de 1950, um fenômeno que ficou denominado de estagflação: um *mix* de estagnação com inflação. A ideia central era de que a economia progride naturalmente em direção ao (ou se encontra no) pleno emprego e o excesso de gastos públicos e/ou políticas de rendas expansivas tendem a gerar mais inflação e mais desemprego.

---

[31] Ver ORAIR, R. O. *et al*. Política Fiscal e Ciclo Econômico: uma análise baseada em multiplicadores do gasto público. In *XXI Prêmio Tesouro Nacional*, 2016. in https://www.joserobertoafonso.com.br/politica-fiscal-e-ciclo-economico-orair-et-al/

[32] O presidente Franklin Roosevelt instituiu uma política de intervenção estatal nos USA com uma série de medidas que ficaram conhecidas como *New Deal* e que se concretizaram em 1933.

[33] Vale alertar que quando os economistas dizem que a economia encontra-se no pleno emprego, não significa que a taxa de desemprego seja zero. Existe um desemprego transitório: trabalhadores saindo de um emprego para outro, novos entrantes no mercado de trabalho que ainda não obtiveram colocação, etc.

O Gráfico 5 é útil para ilustrar essas situações. Deve ser olhado com certa flexibilidade, pois sua força explicativa requer abstração de uma série de circunstâncias e condições do mundo econômico. Algumas condicionalidades que influenciam a demanda e oferta de uma economia ainda não foram plenamente abordados — como a eficácia dos gastos do governo, os determinantes dos investimentos, aspectos monetários e financeiros, o papel das instituições, etc. De qualquer modo mostra-se os espaços (A) e (B) compartilhados que correspondem a situações de economias com recursos ociosos e economias próximas ao pleno emprego, respectivamente.

Os vários níveis de demanda efetiva estilizados pelas curvas D caracterizam o seu crescimento a partir dos multiplicadores de renda em direção ao equilíbrio (E) consubstanciado pela igualdade entre demanda e oferta. A expansão dos gastos do governo, aumentos dos investimentos e expansão das vendas externas levam a um deslocamento da curva de demanda de D_1 para D_2. O ponto E_1 caracteriza o encontro entre a curva de demanda efetiva e oferta. Com desemprego e justamente por haver desemprego, a hipótese é que não existe inflação, senão capacidade ociosa. Qualquer demanda adicional causada pelos investimentos, gastos do governo ou exportações no qual o exercício expansivo dos multiplicadores de renda seja notado será plenamente preenchida pela oferta, pois recursos ociosos estão disponíveis. Esse é o pensamento convencional alojado pela teoria de Keynes.

Quando as políticas públicas favorecem o aumento da renda em economias com desemprego, reduzem capacidade ociosa, apesar de operações contrárias favorecerem práticas de maiores preços adotadas pelas empresas. Contudo a esperança é de que essa situação seria transitória, tendo em conta a competição entre capitais acomodando a economia em direção à formação de um preço justo.

O ponto E_2 caracteriza um equilíbrio entre a demanda e oferta efetiva obtido mediante elevações de preços em um mundo próximo ao pleno emprego. Esse caso corresponde a uma situação constantemente sugerida pela escola monetarista. Os processos inflacionários são causados pela expansão da moeda que inflacionam a demanda, pois o mundo naturalmente no pleno emprego caracteriza uma oferta inelástica dos segmentos produtivos, já que os recursos estão totalmente absorvidos.

Em economias próximas ao pleno emprego, o maior gasto em consumo pessoal e a maior demanda por investimento e gastos governamentais, bem como exportações líquidas positivas tendem a ocasionar elevação de preços com pouco resultado para o crescimento do produto, pelo menos no longo prazo.

Gráfico 5.

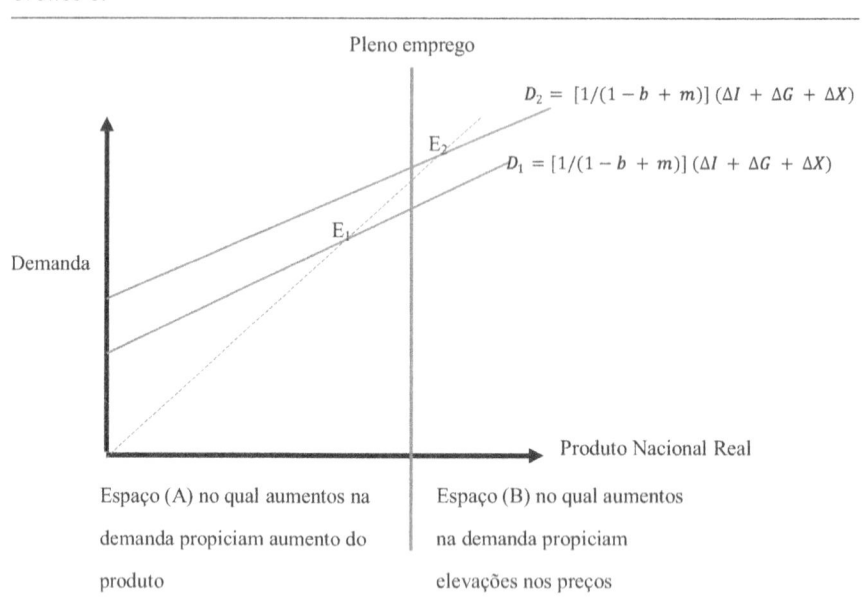

Pleno emprego

$D_2 = [1/(1 - b + m)] (\Delta I + \Delta G + \Delta X)$

E_2

$D_1 = [1/(1 - b + m)] (\Delta I + \Delta G + \Delta X)$

E_1

Demanda

Produto Nacional Real

Espaço (A) no qual aumentos na demanda propiciam aumento do produto

Espaço (B) no qual aumentos na demanda propiciam elevações nos preços

7.
Identidades Macroeconômicas Básicas

DO PONTO DE VISTA CONTÁBIL não há discórdia sobre a igualdade entre demanda e oferta agregadas, já que tudo que foi produzido foi consumido. De fato, o Produto Nacional apurado em um período é igual à Despesa Nacional que foi realizada por meio da Renda Nacional auferida naquele período. Assim, ao final do período contábil, esses valores são idênticos: a Despesa Nacional é igual ao Produto Nacional, uma vez que o produzido não pode ser vendido sem ser comprado.

No entanto, a procura efetiva não é necessariamente igual ao Produto Nacional: não há razão para acreditar que os consumidores estejam desejosos de adquirir a mesma quantidade que os vendedores queiram vender. Para a contabilidade nacional isso não é problema, pois, como vimos, quando os produtores produzem em excesso, as estatísticas oficiais o consideram como investimento (as empresas compram contabilmente os estoques não vendidos). Assim o Produto Nacional corresponde a tudo que foi produzido e não à totalidade do que tenha efetivamente sido gasto em consumo (famílias), maquinário (empresas), bens internacionais (dos estrangeiros) e bens públicos (governo). Quando ocorre o contrário, o mecanismo de preços é requerido para ajustar a economia.

Relembrando, oferta e demanda agregadas nas economias modernas podem ser estilizados como segue abaixo:

$$Y + M + T = C + G + I + X + Tr$$

Na macroeconomia, diferente das contas nacionais, oferta e demanda reservam uma distinção: dizem respeito a decisões efetivas dos produtores e consumidores e as instituições que os cercam. Envolve um aspecto crucial: o *livre arbítrio*. Dentre as várias contribuições de Keynes essa foi uma das principais. A essência do *princípio da demanda efetiva* é sem dúvida a arbitrariedade econômica de se fazer o que bem se entende com o dinheiro, cujo limite depende da vontade dos seres humanos com respeito aos seus gastos.

De fato, os processos da tomada de decisões são tácitos e não necessariamente iguais entre indivíduos, instituições e governos. Os resultados podem ser distintos em muitos casos, proporcionando rumos distantes daqueles que seriam socialmente desejados ou direcionados a um equilíbrio macroeconômico, apesar de contabilmente o produto ser igual à demanda.

7.1 Uma Economia Simples

A macroeconomia não tem um modelo que represente a realidade em termos de economia simples (sem as entidades governo e comércio exterior). Keynes a formulou inicialmente considerando o gasto do governo como sendo de fundamental importância, já que por meio dele seria possível calibrar a demanda e oferta efetivas em direção ao pleno emprego[34]. Apesar disso, vale destacar para efeitos didáticos um enfoque simplificado da economia:

$$Y = C + I$$

O Produto (Renda) Y é descrito em termos de bens e serviços constituídos pela despesa em consumo *(C)* e em investimento *(I)*. Vale dizer que o que é produzido em uma coletividade são bens destinados ao consumo popular (bens e serviços finais) ou a composição dos investimentos (bens de capital e intermediários). Do ponto de vista da contabilidade nacional a equação acima é uma identidade.

O próximo passo é encontrar uma identidade correspondente para examinarmos o destino da Renda. Uma parte será gasta em consumo e outra será poupada (S). Podemos escrever então:

$$Y = C + S$$

---

[34] Posteriormente somente nos anos 1950 é que foram introduzidas nesta identidade as relações econômicas com os parceiros comerciais no estrangeiro, provavelmente porque após a Segunda Guerra Mundial as relações de comércio internacional ficaram mais intensas.

$$C + I = Y = C + S$$

$$I = Y - C = S$$

Esta última identidade constitui um resultado importante. Mostra primeiramente que a poupança é idêntica à renda menos consumo. Assim o investimento é idêntico a poupança, após a apuração contábil.

Uma situação de equilíbrio macroeconômico é pensada quando as expectativas dos investidores e consumidores — entre o quanto investir e o quanto poupar — se aproximam tornando a quantidade ofertada próxima da quantidade demandada. É obvio que essas expectativas estão longe de formarem um volume de poupanças próximo ao desejado pelos investidores e vice-versa.

A totalidade dos investimentos pode expressar parcela de um aumento de estoque involuntário, de bens não vendidos e serviços não realizados, como resultado de estimativas erradas por parte dos produtores que esperavam vender mais do que o fizeram. Dito de outra forma, a maior poupança, que pode ser representada pelo excesso de investimento em relação aos gastos de consumo, resulta dos indivíduos decidirem consumir menos (mesma medida dos estoques involuntários) e assim poupar mais do que o esperado pelas empresas. A situação contrária pode ocorrer, levando os consumidores a poupar menos e consumirem mais do que o esperado pelos produtores, que planejaram seus investimentos subestimando a demanda potencial, no caso o nível de consumo.

Essas situações são muito comuns e pertencem ao mundo do livre arbítrio que possuímos para fazer o que bem entendemos com a nossa renda. O exercício de se escolher em que e onde gastar a nossa renda é a causa primária da demanda efetiva. O consumidor, ao decidir que parcela de seus gastos em consumo reservará, estará por conseguinte também definindo o que será poupado. De fato os atos de poupar representam o domínio reservado à composição do excedente econômico e o contradomínio compreende as decisões com respeito aos gastos do governo, investimentos e gastos em diversas atividades que propiciam um aumento do produto além do necessário à reprodução social, como o custeio do avanço tecnológico, educacional, artes e outras atividades relacionadas à produção de valores de uso.

Os empresários, ao perceberem que investiram mais do que os consumidores desejavam consumir, são forçados a reduzir preços ou seus negócios no sentido de diminuírem seus estoques. A situação contrária também pode acontecer, isto é, no curso da produção, o consumo pode se posicionar além do que as empresas investiram. Como a demanda é superior à quantidade de produtos disponíveis, preços poderão ser majorados e/ou empresas investirão rapidamente para prover a quantidade de bens e serviços desejados. Todas essas situações — caracterizando aproximações e afastamentos entre os níveis de poupança (renda menos consumo) e de investimento — acontecem porque os consumidores e os investidores criam expectativas com respeito ao mundo econômico que são diferentes entre si. Este é o ambiente em que opera a política macroeconômica: calibrar variáveis econômicas para aprumar os agregados em direção ao equilíbrio (estabilização) e ao pleno emprego (crescimento).

Os economistas pensam a economia, nos seus esforços investigativos, como primeiramente estando em equilíbrio — poupança igual a investimento, Tributação igual a Gastos do Governo, Exportação igual a Importação — enfim, no conjunto: Renda igual a Produto. Depois estimam o quanto as variáveis estão distantes em relação às suas contrapartes e fazem suas interpretações dos fenômenos observados. Os resultados alcançados são apropriados pelos formuladores da política econômica que procuram influenciar os indivíduos nas suas escolhas econômicas usando instrumentos de políticas fiscais e monetárias. Procuram calibrar normativamente as principais variáveis econômicas — preços dos bens e serviços, salários, juros e câmbio — por meios dos instrumentos e mecanismos de política para nivelar a aproximação entre demanda e produto efetivo com o menor custo.

Por outro lado, nas economias contemporâneas quem cria liquidez fornecendo créditos é o sistema bancário com certa independência do nível de poupança. Desde a escola clássica sabe-se que o investimento, quando bem sucedido, cria um produto maior no futuro, um excedente, uma poupança. Daí resulta parte da complexidade do ajustamento econômico, pois a liquidez promovida pelo Banco Central junto ao sistema financeiro deve ser calibrada para promover a maior renda futura (crescimento) com menor custo presente (estabilidade).

7.2 Introduzindo o Governo e o Mercado Externo

Podemos dar um passo à frente aproximando a ideia de uma economia simples ao mundo atual incluindo o governo e as relações econômicas com os demais países. De modo singelo, decompomos o PNB pela ótica do destino da produção:

$$PNB = C + I + G + Tr + (X - M)$$

A inclusão das transações econômicas do país com o exterior é representada pelas exportações líquidas: exportações *(X)* menos importações *(M)* de bens, serviços, incluindo os pagamentos e recebimentos internacionais de rendas devido à utilização dos fatores de produção e transferências unilaterais caracterizadas por doações de toda ordem. Exportações liquidas se aproxima ao conceito de saldo em conta corrente do balanço de pagamento. Consumo *(C)*, Gastos do governo *(G)*, Transferências governamentais *(Tr)* e Investimentos *(I)* são conceitos anteriormente estabelecidos.

Como vimos, a Renda Nacional *(Y)* é igual ao PNB menos a depreciação e os impostos *(T)*. Depurando a Renda Nacional dos lucros das pessoas jurídicas e demais encargos a pessoas físicas e adicionando as transferências governamentais às famílias *(Tr)* encontramos a Renda disponível *(Yd)*. Então:

$$Yd = C + S$$

$$C = Yd - S$$

Fazendo as devidas substituições na identidade da Renda Nacional obtemos:

$$Yd + T = Yd - S + I + G + Tr + X - M$$

Manipulando os termos:

$$(T - G) - Tr = (I - S) + (X - M)$$

Para simplificar vamos considerar as transferências governamentais *(Tr)* como subsídios ofertados que participam do gastos governamentais totais *(G_t)*. Então:

$$(S - I) = (G_t - T) + (X - M)$$

ou

$$\boxed{(X - M) = (S - I) - (G_t - T)} \ (03)$$

A identidade acima (03) manifesta os desequilíbrios entre poupança e investimento do setor privado *(S - I)* tendo como contrapartida desequilíbrios no orçamento público $(G_t - T)$ e/ou nas exportações líquidas $(X - M)$. Ela é uma identidade justamente por considerar saldos de variáveis reais.

Um *déficit* externo acontece quando a economia doméstica cresce além de suas possibilidades em condições normais. Contudo, para que ele subsista é necessário financiá-lo. Existem quatro formas de se financiar o *déficit* externo:

1. transferências oficiais;
2. investimento externo direto (IED);
3. utilização de reservas acumuladas no passado; e
4. endividamento externo.

Pelo lado doméstico, a política fiscal contribui para a magnitude do *déficit* externo financiando os gastos governamentais por meio do endividamento público, e pelo lado dos investimentos privados, tornando a poupança doméstica superior por meio do endividamento ou investimento externos ou uma combinação de ambos.

Podemos adicionar a esse conteúdo analítico, as políticas de renda por meio da expansão do crédito, geralmente adotadas para manter a mesma liquidez existente em contextos de equilíbrio. Essa política pressiona a economia por maiores importações originando o *déficit* externo mencionado, quando bem-sucedida. O constrangimento externo que se estabelece pode ser contestado pelas quatro modalidades de financiamento apresentadas, mas historicamente os países em desenvolvimento como o Brasil e demais países da América Latina optaram por continuar crescendo domesticamente nos anos 1970, com constrangimentos externos atenuados principalmente pelas transferências oficiais e endividamento externo. No Brasil, a partir dos anos 1990, foi adotado políticas atraentes ao ingresso dos IEDs, mediante elevação da taxa de juros como opção para atenuar o constrangimento externo em favor do crescimento econômico.

Observem que o sentido de causalidade vai do investimento para a poupança. São os investimento no país que indicam a entrada ou saída, ou em outras palavras, a posição credora ou devedora com os demais países. Essa situação é declarada pelo saldo das exportações líquidas do país[35]. Se o investimento se tornar maior que a poupança nacional, podemos interpretar

---

[35] O saldo positivo externo pode significar receita tributária maior que os gastos governamentais. Contudo tal situação significaria que o governo estaria fazendo poupança com os recursos

a existência de atratividades domésticas favoráveis ao ingresso de poupança (empréstimos) externa ou a utilização dos financiamentos orçamentários do governo para continuar seu processo de acumulação de capital.

As transferências oficiais são utilizadas em larga escala, bem como o endividamento externo em adição à utilização de saldos em reservas cambiais acumulados no passado, se for o caso. Esses eventos de caráter complementar que resultam no maior investimento acima da poupança doméstica são justamente complementados pelos que se justapõem na diferença incremental do saldo ()[36].

Quando a situação indica a existência de *superávits*, o pensamento interpretativo sugere que o país estará exportando capitais e mantendo uma posição credora com o resto do mundo. As oportunidades de investimento em seu país são menos atraentes do que a dos demais e por isso ele exporta capital em vez de aplicá-lo domesticamente.

7.2.1 Teoria da Absorção

Essas situações foram inicialmente formuladas nos anos 1950, constituindo o que ficou denominado como Teoria da Absorção Doméstica *(A)*.

$$Y = A + (X - M)$$

$$Y - A = (X - M)$$

onde:

$$A = C + I + G$$

Então, a oferta superior ao demandado domesticamente *(Y > A)* acarreta um equilíbrio global alcançado por exportações líquidas positivas *(ΔX > ΔM)*. As estimativas das famílias, do governo e das empresas com respeito a seus gastos se revelando, ao contrário, superiores à oferta

---

arrecadados, o que claramente é impensável em ambientes democráticos: pagar impostos acima das necessidades do Estado para o cumprimento de suas funções.

[36] A entrada de recursos externos em termos de investimento externo direto é entendida como saudável à economia ao prover liquidez, uma vez que se troca reservas internacionais por moeda nacional e geralmente acompanha-se o investimento externo, modernizações e aumento do emprego local. Neste caso o passivo externo está crescendo.

doméstica, naturalmente forjam um equilíbrio global dos mercados por importações superiores às exportações *(ΔX < ΔM)*.

O tratamento dado à Teoria da Absorção em termos de saldos setoriais das famílias, governo e empresas em relação ao produto para incluir a noção de exportações líquidas, inauguraram um novo enfoque com respeito à macroeconomia, denominado macroeconomia em economia aberta, tal qual aplicamos na seção anterior. De fato, os saldos setoriais podem ser manipulados de diversas maneiras e cabe ao leitor aprofundar esse exame, avaliando as relações interativas entre gastos do governo, consumo das famílias, investimentos e exportações líquidas.

O saldo em conta corrente do balanço de pagamentos indica o quanto a economia produziu de ativos líquidos externos, representando a posição credora ou devedora mantida com os parceiros econômicos internacionais. Se a Absorção *(A)* é menor que a renda *(Y)* temos uma posição credora com o resto do mundo. O *superávit* em conta corrente é igual ao *superávit* global menos o da conta de capital e financeira, que é igual ao aumento dos ativos líquidos oficiais mais o fluxo de capital financeiro exterior. Assim o saldo em conta corrente do balanço de pagamentos é igual aos ativos líquidos externos *(HLX)*.

$$\Delta HLX = (S - I) - (G_t - T)$$

Do ponto de vista setorial, a identidade acima vincula a poupança líquida com a aquisição de ativos externos.

7.3 Resumo

As linhas de gastos do governo são geralmente numerosas em função das atividades demandadas pela sociedade. De modo geral o governo cuida do provimento de hospitais públicos, arca com o saneamento básico, fornece educação e segurança pública aos seus cidadãos, garantias contra ataques externos, para citar as funções mais usuais. Resumindo, cabe ao governo efetuar transferências ao setor privado e prover infraestrutura adequada à sociedade, com a parcela do excedente econômico apropriada por ele. Quando os gastos se apresentam maiores do que a receita tributária, o financiamento é geralmente obtido por meio do lançamento de títulos de dívida pública. Esses títulos são leiloados pelo Banco Central contendo cláusulas contratuais indicativas de valor e data de resgate no futuro.

No caso brasileiro, a política governamental prioriza o *superávit* primário dos gastos públicos construído pelas receitas tributárias menos as despesas correntes e investimentos do governo. Indica o total arrecadado pela tributação para cumprir as funções tradicionais do Estado e o que restar utilizar no resgate e pagamento dos juros dos títulos públicos lançados no passado, com vencimento presente ou futuro.

No Brasil, o conceito de *superávit* primário foi usado inicialmente para diferenciar o que era gasto corrente do que era mero pagamento de juros da dívida pública. A partir da orientação do Fundo Monetário Internacional (FMI) nos anos 1990, o *superávit* primário passou a ser instituído por metas definidas previamente. Assim, os parâmetros da arrecadação tributária passaram a ser calibrados para formarem uma receita maior do que aquela requerida pelo Estado para gastos imediatos com o provimento de suas funções básicas. Por conta do estabelecimento de metas de *superávit* primário, os tributos arrecadados foram continuamente elevados e os gastos governamentais continuamente contraídos. A carga tributária brasileira é uma das maiores do mundo em proporção ao PIB. Em 2018 foi cerca de 37%, superior a dos Estados Unidos (25,77%) e do Japão (26,28%), por exemplo. É inferior no entanto à carga tributária de países como a Suécia (51,35%), Dinamarca (49,85%), Bélgica (46,85%) e França (45,04%), que apresentam economias com alto grau de bem-estar social causado justamente por políticas públicas adequadas.

Observe que o aumento da carga tributária com a redução dos gastos governamentais correntes ou de infraestrutura impactam o mercado externo atenuando as importações *(M)*. Vale dizer que o alcance do equilíbrio externo neste caso se dá em detrimento das possibilidades de crescimento da economia doméstica impulsionada pelos gastos governamentais. Pelo lado das exportações, elas são autônomas e dependem dos demais países desejarem nossos produtos e terem renda para comprá-los.

De fato, o maior desempenho exportador pode atenuar os efeitos adversos na economia causados pelo estabelecimento das metas para o *superávit* primário. No entanto, a receita cambial das exportações depende essencialmente das circunstâncias e condições dos nossos parceiros comerciais externos. Já, as importações podem ser reduzidas, suavizando a queda das reservas cambiais por meio de políticas de contração da demanda agregada. Por esse motivo os ajustamentos macroeconômicos exercidos sobre o mercado doméstico, como a elevação da taxa de juros e aumento da carga tributária, comprimem as importações: o resultado final esperado será o incremento das reservas internacionais em detrimento da elevação de renda e do emprego no mercado doméstico.

Assim, muitos projetos governamentais nos países em desenvolvimento — como os relativos a energia e recursos minerais, que requerem economias de escalas razoáveis para aumentar a renda e o emprego — são deixados de lado em favor do aumento das reservas cambiais.

7.4 Aspectos Monetários do Balanço de Pagamentos

Um dos pontos mais sensíveis da macroeconomia diz respeito à taxa de câmbio. Os preços dos ativos são cotados em termos monetários e são riquezas que significam poder de compra. Assim, a variação da taxa de câmbio é governada pelas expectativas com respeito ao poder de compra da moeda estrangeira no mercado nacional. Por esse motivo, a taxa de câmbio *(e)* varia com a mesma intensidade que as expectativas relacionadas aos preços dos demais ativos. Um elevação (queda) no índice de preços no mercado doméstico torna a moeda nacional depreciada (apreciada) em relação as moedas estrangeiras.

Atualmente, os avanços na área de tecnologia de informação e a liberação do acesso aos mercados de ativos financeiros, de quase todos os países, os integrando imediatamente permitem uma arbitragens instantânea entre moedas, em consonância as variação dos preços dos bens e serviços todos os países. Com efeito, a taxa de cambio se presta na conversão dos preços de bens semelhantes cotados em diferentes moedas a uma só, tornando as escolhas dos consumidores mais eficientes. Para cada moeda existem tantos mercados cambiais quanto forem os países possíveis de se estabelecer trocas entre os bens e serviços de forma recíproca. Assim, o mercado de cambio é o maior mercado do mundo.

Ilustrativamente a taxa de câmbio *(e)* entre Brasil e Estados Unidos segue a regra convencional:

$$R\$X = e\ US\$\ 1{,}00$$

$$R\$/US\$\ 1{,}00 = e$$

A taxa de câmbio utilizada pela maioria dos países é calculada pelo método direto como mostrado acima: o custo da moeda estrangeira em termos da moeda nacional. No entanto, existe o método indireto utilizado pela Grã-Bretanha, Nova Zelândia, Papua Nova-Guiné e alguns outros poucos países mensurando a cotação da moeda nacional em termos da moeda estrangeira. Os preços dos bens e serviços são governados pela liquidez da economia, então as taxas de câmbio são representações cruzadas das quantidades de moedas existentes nos países.

Um consumidor que não tivesse preferência revelada entre os carros da marca Cadillac nos Estados Unidos e os da marca Ford no Brasil, arbitraria entre eles somente com base no diferencial de preços. O Ford custa R$ 110.000,00 no mercado nacional, e o Cadillac US$ 50.000,00 no mercado dos Estados Unidos. Assim, ele deve converter os preços dos automóveis a uma unidade comum para comparar os preços dos veículos. Se a taxa de câmbio é de , teremos o preço do automóvel Cadillac cotado em moeda nacional a:

$$US\$\ 50.000,00 \times 2,5 = R\$\ 125.000,00$$

Neste caso, sendo a taxa de câmbio (e) 2,5, a melhor opção é o carro Ford que custa R$110.000,00.

Existe uma relação íntima entre as variações das reservas cambiais e a base monetária, já que uma moeda é trocada pela outra para que se possa exercer o poder de compra no país estrangeiro. Os estoques das moedas nacionais variam proporcionalmente em relação às quantidades demandadas das moedas estrangeiras. A moeda estrangeira, por seu lado, convertida na moeda nacional, se destina a exercer o poder de compra do não residente (estrangeiro) na aquisição de bens e serviços em território nacional. De igual modo, os residentes quando convertem sua moeda em moeda estrangeira o fazem para comprar bens e serviços no estrangeiro[37]. Vale lembrar que no

---

[37] Existe um conjunto razoável de países que aceitam moedas estrangeiras pré-determinadas em suas transações internas. Os países do MERCOSUL, Brasil, Argentina, Uruguai, e Paraguai, por exemplo, assinaram recentemente um acordo de Crédito Recíproco cujo significado é a aceitação nas transações de importação e exportação, entre eles, da moeda nacional do parceiro comercial. A Argentina, por exemplo, adotou há pouco tempo atrás um sistema cambial ancorado no dólar. Internamente era utilizada tanto a moeda nacional quanto a moeda norte-americana nas transações internas a uma taxa de conversibilidade fixada.

Brasil a moeda é de curso forçado e constitui contravenção quaisquer transação de compra e venda feita por meio de qualquer moeda estrangeira em território nacional[38].

Quando os ingressos de moeda estrangeira são maiores do que as saídas de moeda nacional, temos um saldo positivo de reservas internacionais que recebem sua contraparte em moeda nacional. A moeda nacional se aprecia em relação à estrangeira, pois as divisas são abundantes em relação à quantidade da moeda nacional destinada a conversão para aquisição de bens estrangeiros. Neste caso, os bens transacionados externamente cotados em dólares, por exemplo, ficam mais baratos em termos da moeda nacional para as importações, desfavorecendo o ganho em moeda nacional das exportações. O contrário também é verdadeiro: uma escassez de dólares eleva a relação R\$/US\$ favorecendo as exportações em detrimento das importações do país.

Isso pode ser melhor entendido com o auxílio das contas do balancete do Banco Central estilizado a seguir. No lado do Ativo temos as Reservas Internacionais e suas operações ativas na esfera federal, agregadas sob a rubrica de crédito público doméstico (CPD) — são créditos fornecidos ao governo e bancos representados em sua maioria por Títulos Públicos Federais. No Passivo, temos o dinheiro em poder do público — dinheiro local depositado pelas instituições financeiras, depósitos de Organismos Financeiros Internacionais, Provisões e demais recursos a pagar. Para simplificar vamos denominá-los de dinheiro primário *(H)*.

Tabela 3.

Balanço Simplificado do Banco Central

Ativo	Passivo
Reservas Internacionais líquidas *(RI)*	Base monetária *(H)*
Crédito Doméstico (CPD)	• Papel moeda em poder do público
• Títulos de dívida pública	• Reservas bancárias
• Redesconto e empréstimos	
• Demais aplicações	
Total Ativo	**Total Passivo**

[38] BANCO CENTRAL DO BRASIL. *Cartilha de Câmbio, Área de Regulação, Departamento de Regulação Prudencial e Cambial*, 2018.

Do balanço simplificado do banco central se deduz relações entre as variações de seus termos:

$$\Delta RI = \Delta H - \Delta CPD$$

A variação das reservas internacionais líquidas ΔRI impactam na mesma direção a quantidade de moeda nacional disponível no mercado doméstico (ΔH). Pode acontecer de a política monetária instrumentalizar a variação dos créditos domésticos ofertados pelo governo (ΔCPD) em direção contrária, de modo a anular a variação no meio circulante que seria causada pela variação das reservas internacionais. Desse modo, a variação das reservas internacionais impacta diretamente a liquidez da economia doméstica (ΔH) na ausência de uma política monetária ativa (ΔCPD).

7.4.1 Ajustamento Automático do Balanço de Pagamento

David Hume demonstrou no século XVIII como os fluxos de moedas metálicas entre os países acomodavam um sistema bem ordenado de ajustamentos nos Balanços de Pagamentos dos países envolvidos com as trocas internacionais. Nesta época, o sistema monetário predominante era o padrão-ouro e os preços dos bens e serviços em um país eram cotados com base na quantidade de metais preciosos que possuíssem. O regime cambial era fixo: os países se comprometiam, forçosamente, a fixar o valor de sua moeda em relação a uma quantidade específica de ouro. Se um país fosse deficitário em seu balanço de pagamentos, significava que a quantidade do metal precioso enviada ao exterior era superior ao recebimentos de metais preciosos decorrente de suas vendas externas. Os preços domésticos, cotados pela quantidade de ouro no país, neste caso, cairiam até o ponto em que ficariam abaixo do preço internacional. Nesse momento, as exportações se tornariam mais competitivas, já que o preço da cesta de bens e serviços do país cairia abaixo do preço internacional. Sua posição passaria a ser superavitária.

Com *superávit* o país experimenta um ciclo externo justamente contrário ao ciclo anterior. A maior quantidade de ouro que vem sendo obtida pela posição superavitária externa iniciava um ciclo de elevação de preços domésticos acima dos preços internacionais, favorecendo agora as importações. Assistia-se, assim, *ciclos alternados de* déficits *e* superávits nos balanços de pagamentos. O sistema de câmbio no qual a moeda reserva de todos os países era a quantidade de metais preciosos o tornava justo e perfeito, pois oferece um equilíbrio no longo prazo. Qualquer variação nos preços domésticos de um país era automaticamente ajustada pelos fluxos de metais preciosos entre países, mantendo-se tudo o mais constante.

No sistema de pagamentos internacionais no qual a moeda reserva era o ouro, as posições das divisas se modificavam por imposição do próprio mercado que comparava os preços dos bens e serviços dos países em relação ao preço internacional do ouro. É um regime cambial de características salomônicas, pois forja variações nos preços para constituir um sistema de trocas internacionais nas quais um país não se sobressai em relação aos demais, no longo prazo. No limite, um *déficit* externo significava que os preços domésticos cairiam já que a quantidade de moeda metálica diminuiu. Os juros subiriam, os investimentos seriam refreados e o desemprego aumentado, levando a economia a experimentar uma contração da demanda agregada. Neste cenário, os requisitos de importáveis diminuem ajustando *automaticamente o Balanço de Pagamentos*.

Inversamente, uma elevação nas reservas internacionais *(+ΔRI)*, uma receita exportadora superior aos gastos com importações, estabelece efeitos justamente contrários: a liquidez doméstica aumenta, os juros caem favorecendo novos investimentos e o desemprego diminui. Neste caso a economia doméstica aquecida requer quantidade adicional de importáveis e, como as exportações são autônomas em relação ao nível de renda interna, o *Balanço de Pagamentos também se ajusta automaticamente*.

Esse aspecto é importante porque indica que existe um processo automático de ajuste par o equilíbrio entre os mercados externo de interno. Nos países que apresentam *déficits* externos, a oferta monetária será contraída e nos países com *superávits*, será expandida. Esses movimentos garantiriam um equilíbrio de longo prazo, por meio de ciclos alternados dos déficits e superávits entre os países.

Atualmente, os países com suas moedas nacionais sem lastro facilitam a intervenção do Banco Central no mercado de câmbio comprando ou vendendo divisas com sua moeda nacional, em atendimento a uma política câmbio-monetária. Imaginemos que a moeda nacional esteja se desvalorizando e o Banco Central decide apreciá-la vendendo reservas intencionais para reduzir o meio circulante de moeda nacional a disposição do mercado interno. A situação inversa também é verdadeira: a compra de divisas internacionais aumenta a disponibilidade de dinheiro dedicado ao mercado doméstico. Essas situações anulam a ideia de ajustamento automático do Balanço de Pagamentos. Para que o ajustamento automático ocorra é necessário que todos os países utilizem seus Bancos Centrais como caixas de conversão, abrindo mão de medidas compensatórias em face de um *déficit* ou superávit externo. Razoável supor, portanto, que os governos não adotem o ajustamento automático do Balanço de Pagamentos, pois o seu sucesso requer que todos os demais países também aceitem a ideia de não intervenção nos mercados internos e externos quando o desequilíbrio entre ambos se instaura. Essa situação somente era factível no sistema monetário no qual a moeda de reserva internacional era o ouro. Assim, a maioria dos países verifica possibilidades de crescimento econômico a partir da adoção de políticas que expandam a demanda agregada atenuando os constrangimentos impostos pelo ajustamento automático.

7.4.2 Esterilização dos Efeitos Monetários do Balanço de Pagamentos

Atualmente, quando algum país decide descartar a ideia de ajustamento automático do Balanço de Pagamentos, ele o faz *esterilizando os efeitos monetários deletérios* causados pela contração da liquidez doméstica originada pelo *déficit* externo. Essa esterilização aplicada diretamente sobre a taxa de câmbio é denominada de flutuação suja *(dirty float)*. Ela acontece quando as autoridades monetárias controlam a flutuação da taxa de câmbio para garantir que não ocorra desvalorização ou sobrevalorização da moeda do país em grau demasiado[39].

---

[39] No Brasil de 1995 até 1998, na fase inicial do Plano Real, o Banco Central definiu uma faixa ou banda dentro da qual o câmbio poderia flutuar livremente. A aproximação da taxa cambial dos extremos da banda levavam à intervenção do Banco Central, comprando ou vendendo divisas e estabelecendo uma flutuação suja.

A história mostrou que muitos países, principalmente os da América Latina, adotaram políticas expansionistas mesmo em um ambiente de redução das reservas cambiais[40]. Ao mesmo tempo que a adoção das políticas de expansão de rendas domésticas garantiam o emprego e o crescimento econômico, a queda das reservas cambiais que poderia constranger o processo de importação era atenuada por empréstimos fornecidos pelo sistema financeiro internacional. Compensava-se dessa forma a redução das reservas internacionais para que a economia não sofresse constrangimentos externos e o crescimento não fosse obstaculizado pela redução da base monetária. Essa política mantinha a ΔRI constante e a economia doméstica continuava a crescer e importar acima do permitido pela receita cambial providenciada somente pelas exportações.

Sem constrangimentos externos, um país poderia continuar a perseguir seus programas desenvolvimentistas e o alcance da persistência do desequilíbrio externo condicionava-se à disponibilidade de recursos externos ofertados pelo sistema financeiro internacional à economia doméstica. O processo de endividamento geralmente seguia a regra do Banco Central poder ampliar seus créditos públicos (ΔCPD) em moeda nacional expandindo a demanda agregada.

O resultado final nestes países, foi a promoção de uma dívida pública correspondente à dívida externa, compensando a menor liquidez monetária que ocorreria na ausência dos empréstimos externos. Claro que em algum momento futuro a fatura do endividamento externo seria cobrada e de algum modo liquidada.

Assim, a redução da liquidez por conta da variação negativa da Base Monetária (ΔH), é *esterilizada* e os efeitos negativos na economia doméstica que aconteceriam pela contração da demanda agregada são postergados. O aumento do crédito público (ΔCPD) pode ser utilizado para estabilizar o volume de dinheiro primário (ΔH) que sofreria redução por conta de uma variação negativa no saldo comercial externo. Como não houve contração da liquidez, as condições no mercado doméstico não se

---

[40] Em 1973 os países exportadores de petróleo decidiram quadruplicar o preço do mesmo causando severa crise internacional. O volume de reservas internacionais disponíveis aos países para suas importações foram reduzidos, comprometendo muitos projetos de desenvolvimento nacional, principalmente dos países localizados na América do Sul.

alteram e o *déficit* do saldo em conta corrente do Balanço de Pagamentos passa a ser financiado por recursos externos. Essa política é denominada de *esterilização dos efeitos monetários do Balanço de Pagamentos*.

7.5 Ampliando o Modelo

O uso das identidades contábeis da seção anterior pode ser ampliado para incluir relações monetárias entre o saldo externo e o sistema financeiro nacional e o orçamento do Estado. O sistema financeiro consolidado é composto pelo Banco Central, bancos públicos e privados e demais entidades financeiras. Ele se distingui da análise anterior, na medida em que consolidamos a estrutura monetária financeira envolvendo a totalidade do meio circulante mais os depósitos a prazo (M_2), sob várias modalidades[41]. Essa é uma distinção fundamental em relação o aporte anterior, uma vez que os rendimentos dos ativos financeiros de qualquer ordem (com diversa taxas de juros de mercado) passam a ser considerados componentes essenciais de ajustamento macroeconômico compartilhado com a taxa de cambio. A ampliação é útil pois abarca o estoque monetário da economia, representando o passivo do sistema bancário consolidado e compondo o volume de meios de pagamentos à vista e a prazo (M_2).

A seguir apresentamos de modo estilizado o balancete consolidado do Sistema Financeiro. Sua construção é obtida somando em linhas as categorias presentes no Balancete nas autoridades monetárias e nos demais bancos públicos e privados e entidades financeiras[42].

---

[41] No capítulo oitavo apresentamos as distintas versões de meios de pagamento mensuradas pelas Autoridades Monetárias. No modelo ampliado aqui apresentado, M_2 corresponde a soma do papel moeda em circulação mais os demais papeis com rendimentos como o $$ nas caderneta de poupança, os títulos de dívida pública e o $$ provisionado a prazo fixo rendendo juros.

[42] Em um grande número de países, os Bancos Centrais e alguns bancos públicos são considerados autoridades monetárias. Até o último quartel do século passado, o Banco do Brasil, por exemplo, tinha uma conta movimento junto ao Banco Central e era por isso considerado autoridade monetária.

Tabela 4.

Balancete consolidado do Sistema Financeiro

Ativo	Passivo
Reservas Internacionais líquidas *(RI)*	Meios de pagamento *(M2)*
Crédito Doméstico *(CD*)*	• Depósitos à vista
• Títulos públicos e privados *(CPD)*	• Depósitos a prazo
• Empréstimos *(CD^{priv})*	Papel moeda em poder do público
• Demais aplicações	
Total Ativo	**Total Passivo**

Então:

$$\Delta (X - M) = \Delta RI = \frac{\Delta M_2}{P} - \Delta CD^* \text{ (a)}$$

onde: $\Delta CD* = \Delta CPD + \Delta CD^{priv}$

As identidades acima mostram que os ativos externos se posicionam em linha com a emissão monetária real $\left(\frac{\Delta M_2}{P}\right)$, os crédito do setor privado não-bancário (CD^{priv}) e os títulos públicos e demais créditos do Governo Federal *(CPD)*. De fato, sendo o *déficit* público financiado pelos títulos governamentais, temos:

$$\Delta G - \Delta T = \Delta CPD$$

Substituindo os termos em (a):

$$\boxed{\Delta (X - M) = \Delta RI = \frac{\Delta M_2}{P} - \Delta CD^{priv} - (\Delta G - \Delta T)}$$

Uma elevação em ΔRI configurando uma situação externa confortável ao país acontece quando os gastos governamentais diminuem e os tributos aumentam. Pode ser também que o endividamento pessoal e empresarial *(ΔCD^{priv})*esteja se contraindo, por conta de uma política de juros altos. Enfim, a contração da demanda agregada implica em certa posição desconfortável com respeito ao mercado doméstico, mas saudável do ponto de vista externo ou, em outras palavras, das reservas internacionais.

Uma queda nas reservas internacionais *(−ΔRI)*, por outro lado, inverte a situação retratada e apresenta posições confortáveis no andamento dos negócios domésticos. Significa que a economia esta crescendo e que portanto, demanda mais produtos importáveis do que a receita de exportações permite. Na ausência de ocorrências nefastas no ambiente externo, o processo de crescimento econômico sugere que a demanda efetiva esta se expandindo por meio de créditos fartos, com taxas de juros pequenas, ou por meio de déficit público majorado, podendo ser também uma conjugação de ambas. Tudo isso pode ser reforçado por uma política de renda expansiva.

Na primeira situação, em que a economia domestica se retrai e as reservas internacionais são sustentadas em seus níveis normais ou aumentadas, muitos governos aplicam um receituário político denominado pelo meio acadêmico e governamental de *esterilização dos efeitos deletérios do balanço de pagamento*, como visto na seção 7.4.2. Neste caso, a economia cresce às expensas do mercado externo, com limites determinados pelas receitas das exportações e pelo endividamento externo e internamente pela capacidade produtiva potencial da economia e geração de novos investimentos. Essa situação caracteriza uma política macroeconômica visando justamente *esterilizar os efeitos deletérios no balanço de pagamentos*, que são criados para postergar a contração da demanda agregada naturalmente instituída pelas forças de mercado para estabelecer o equilíbrio entre os mercados, conforme vimos no caso do ajustamento automático do balanço de pagamentos.

A identidade do sistema financeiro consolidado frente aos saldos do comércio exterior foi bastante aplicada pelos governos com dívida externa, no passado junto ao Fundo Monetário Internacional (FMI). A partir dela, os países endividados elaboravam políticas de ajustamento macroeconômico (redução da demanda agregada) para ter certa folga com respeito as RI não comprometendo o pagamento (dos encargos) da dívida externa. Eram negociadas junto ao FMI *cartas de intenção*, assim denominadas pois caracterizavam a política macroeconômica intencionada, para construir maiores reservas internacionais destinadas a saldar ou suavizar as dívidas externas contraídas junto ao sistema financeiro internacional, em períodos anteriores

A ideia central era conseguir o aval junto ao FMI de bom pagador, mediante o comprometimento da adoção de políticas domésticas contracionistas para formar saldos nas reservas cambiais. Desse modo, a elevação das taxas de juros domésticas acompanhada de elevações tributárias e contenção dos gastos do governo, foram políticas econômicas adotadas pelos países endividados, com o intuito de ampliar as reservas internacionais. Caso o FMI aprovasse o programa econômico proposto pelo país de contingenciamento da renda doméstica, com base nos aspectos monetários listados na identidade acima, as possibilidades de novos empréstimos pelos bancos internacionais poderiam prosseguir, mediante novas condicionalidades inerentes aos empréstimos bancários. Como reforço de argumentação, atualmente as consultorias internacionais que avaliam o risco-país cumprem papel assemelhado ao do FMI no passado, com alcance definido pelos investimentos externos diretos (IED).

Os cálculos de engenharia financeira são amplamente utilizados para estabelecer tetos ao crédito público *(ΔCPD)* e ao setor privado *(ΔCD^{priv})* em relação à expansão real dos meios de pagamentos $(\frac{\Delta M_2}{P})$. Em casos mais dramáticos, como resultou ser no caso brasileiro, a partir de meados dos anos 1980, a redução do *déficit* público para níveis compatíveis com a redução da demanda agregada foi alcançada pela aplicação de metas para o *superávit* primário.

No Brasil, programas de privatização das empresas e dos serviços estatais e o *enxugamento* da máquina pública também foram adotados como forma de reduzir o *déficit* público nos anos de 1990. O resultado final foi o aumento das reservas internacionais com a redução da renda doméstica, comprimindo as importações e tornando o mercado doméstico atraente ao capital externo, uma vez que a taxa de juros real no Brasil se tornou uma das maiores do mundo. Essa situação, por motivos diversos, perdura até hoje sendo recorrentemente incluída na agenda governamental, com maior ou menor ênfase dependendo da época e das condições políticas que se apresentam.

Anteriormente os contratos da dívida externa brasileira nos anos 1980 somavam valores superiores a 100 bilhões de dólares. Nos anos 1990, vários países da América Latina com dificuldades de pagamento da dívida emitiram bônus em favor dos credores facilitando a tomada de novos empréstimos no sistema financeiro internacional. Esses bônus eram securitizados e podiam ser amplamente negociados no mercado financeiro. Essa reestruturação estava de acordo com a essência do plano Brady apresentado pelo Secretario do Tesouro norte-americano Nicholas Brady, em 1989. Esse plano consistia justamente em aumentar a entrada de recursos estrangeiros, além de facilitar e dar suporte aos investimentos nos países que aderissem ao plano.

O Brasil aderiu ao plano em 1994 na gestão de Fernando Henrique Cardoso no Ministério da Fazenda tendo Itamar Franco como presidente da República. Os títulos/bônus brasileiros atrelados ao plano tiveram aceitação inconteste nas negociações das principais corretoras do mundo.

8.
Moeda e Bancos

8.1 Moeda

ATUALMENTE ACEITAMOS COMO DINHEIRO a moeda emitida pela Casa da Moeda e pela sua quantidade cota-se os preços de todos os bens e serviços. Isso é bem prático e facilita a nossa vida. A moeda serve, em última instância, para liquidar contratos e obrigações à vista ou à prazo. Suas funções tradicionais compreendem, portanto, a sua utilização:

- como meio de troca,
- como denominador comum e,
- como reserva de valor (poder de compra acumulado).

Olhando sob uma perspectiva histórica, as comunidades primitivas prescindiam da moeda. Viviam geralmente isoladas umas das outras e sua produção era coletiva requerendo somente, quando fosse o caso, um sistema de trocas interno fortuito. O homem primitivo não necessitava de moeda para comer, aquecer ou obter moradia. Conforme a divisão do trabalho se especializou, a maior produção aprofundou as relações entre as comunidades, países e indivíduos.

No sistema capitalista as produções tornaram-se extremamente complexas, passando a envolver um número grande de contratos de compra e venda em escala regional, nacional e internacional, nos quais a moeda desempenha papel central. Atualmente, as obrigações contratuais podem ser estabelecidas entre duas entidades econômicas localizadas cada qual em qualquer parte do planeta, e sua liquidação é feita por transferências eletrônicas de moeda entre as partes contratantes. A moeda é como um *tapete mágico* por onde as mercadorias e serviços caminham em uma direção na certeza da existência de fluxo monetário em sentido contrário garantindo os pagamentos em data determinada. A moeda passou a atender a evolução da sociedade de modo exemplar e imaginar nossa existência sem esse tapete arranha as profundezas da irracionalidade terrena.

Com o avanço das trocas decorrente da divisão do trabalho, uma mercadoria é eleita como denominador de todas as outras: a ela demos o nome de moeda. Nas comunidades pré-capitalistas ela foi eleita entre todo os outros bens naturalmente por suas características intrínsecas, não sendo necessário nenhuma convenção ou autoridade para garantir sua validação. Ja, nas sociedades capitalistas os bancos privados e centrais criam moeda e a validam mediante o curso forçado por lei. Os bancos criam a moeda escritural e os bancos centrais emitem a moeda manual. A criação de moeda, seja escritural ou manual, permite que os investimentos públicos e privados se realizem sem depender da existência de um lastro ou de uma poupança prévia. Os investimentos aumentam a renda nacional conforme a magnitude dos multiplicadores de renda (Capítulo 6), que se distribui entre salários e lucros ou, em outros termos, entre o consumo das famílias, do governo e de novos investimentos e expansão de antigos. A maior renda propiciada pelos novos investimentos aumenta o volume de trocas, já que o produto ficou maior, requerendo a criação de mais moedas para prover liquidez ao sistema econômico. O maior produto/renda frutifica a demanda efetiva estabelecendo condições para novos investimentos sucessivamente. Tudo isso acontece debaixo do manto capitalista de geração de lucros — excedentes econômicos — acrescidos, com os quais as empresas liquidam suas dívidas junto ao sistema financeiro. Esse aspecto é relevante, pois o excedente econômico (poupança) existe em função dos investimentos realizados, como já mencionamos anteriormente, e a moeda cumpre um papel fundamental por agilizar todas as trocas entre todos os ativos reais e financeiros.

Desse modo, o requisito básico para a geração de investimentos, uma vez definida sua rentabilidade em função da existência de demanda efetiva, não é a concretude de uma poupança prévia, senão o acesso ao crédito, tanto dos empresários quanto das famílias. Nestes termos, a economia precisa de liquidez para continuar a crescer. As instituições bancárias privadas e os bancos centrais procuram através de seus cálculos de matemática financeira garantir a liquidez adequada do sistema econômico, para que se cumpra os investimentos pretendidos e as famílias possam ter créditos suficientes para expandir a demanda efetiva.

Tudo isso, deve acontecer sob a harmonia entre as escalas do sistema financeiro e do sistema produtivo. Elas precisam estar alinhadas, de modo a não propiciar estrangulamentos funcionais no sistema econômico produzindo transferências de renda excessiva por meio de custos financeiros elevados, devido a uma escassez de crédito, ou ao revés, criando uma elevação de preços (inflacionários) devido a abundância de meios de pagamentos, em favor da concessão de créditos com taxas de juros reais reduzidas. Pelo menos duas ordem de consideração se fazem necessárias para a concórdia entre o capital financeiro e o produtivo. A primeira, é que as empresas tendo o sistema financeiro alinhado ao seu lado tem o alcance de seus negócios beirando o infinito, pois sempre podem contar com mais crédito. A segunda consideração, contudo, é que os créditos devem estar a serviço dos empreendimentos do capital: o crédito não pode ser o Senhor do sistema produtivo, sob pena do sistema econômico colapsar. Esse é um dilema presente em qualquer sociedade capitalista.

Em termos técnicos, certa quantidade de moeda precisa ser preservada sempre que o sistema produtivo requeira liquidez para novos investimentos e promoção do consumo das famílias. Essa preservação da moeda, a torna endogenamente constituída no sistema econômico, e não como pensam os monetarista que a consideram exógena, somente com serventias relacionadas aquelas funções básicas da moeda relatadas anteriormente. Em resumo, a liquidez do sistema dedicado pelos bancos privados, públicos e centrais por meio das relações débitos-créditos é fundamental para a expansão da demanda efetiva[43].

A mercadoria-moeda que serve para expressar com facilidade o valor dos bens e serviços abriga alguns atributos:

- ser divisível e recomposta para cumprir a função de unidade de conta;

---

[43] Keynes e Kalecki cuidaram da demanda efetiva olhando mais o lado real da economia e menos os aspectos relacionados a criação de liquidez. De fato, nos anos 1930 a capacidade produtiva instalada estava com o grau de ociosidade bastante elevado e o sistema bancário provia a liquidez demandada sem problemas.

- ser durável para garantir reserva de valor no tempo viabilizando poder de compra;
- ser facilmente transportada para não ser onerada com custos de carregamento;
- ter quantidade pouco variável para não oferecer obstáculos aos atributos acima. Sem uma quantidade fixa, ela não seria aceita no processo de trocas e de pagamentos, pois não cumpriria com eficiência a precificação das mercadorias e sequer o poder de compra, que se deterioraria com a expansão monetária acima da expansão produtiva; e
- a moeda deve ter somente valor de uso: ela é um veículo das trocas de bens e serviços. Não tem valor de troca no sentido de ser uma mercadoria constituída para obter-se lucro com a sua produção e venda no mercado.

Os indivíduos podem escolher entre reservar seu poder de compra (sua riqueza) em moedas ou em outros bens. A moeda não rende retornos financeiros, mas tem liquidez, ou seja cumpre a função de liquidar obrigações imediatamente. Os ativos financeiros e não monetários, apesar de poderem apresentar certa liquidez, não cumprem esse papel com a mesma eficiência, pois requerem algum tempo para serem aceitos incondicionalmente nos processo de compra e venda. Para Keynes, a moeda frente a incertezas do futuro contém atratividades que os demais bens não possuem justamente por proporcionar liquidez máxima (imediata). Assim, a preferência pela liquidez é diretamente influenciada pelas incertezas quanto ao futuro. Quanto mais incerto o futuro, por decorrência de fatores ambientais, políticos, econômicos e de segurança, dentre outros, mais preferimos a moeda-mercadoria, no pensamento de Keynes. Contudo, nas economias modernas, como resulta ser atualmente na maioria dos países, a moeda não tem lastro ou valor intrínseco. O curso das trocas nas economias é feito pelas moedas manual e escritural obrigatoriamente por lei e a garantia para sua aceitação é dada pelo Estado. É razoável imaginar que os indivíduos ponderarão, com certa razoabilidade em situações de expectativas nefastas com respeito ao futuro, os risco entre ter moeda ou bens imobilizados que se valorização ou pelos menos não se desvalorizam ao longo do tempo.

8.2 Teoria Quantitativa da Moeda

Para uma corrente de economistas, a política monetária é útil para estabilizar a economia e crescer o produto, ou ampliando o conceito: forjar maior ou menor crescimento econômico com preços estáveis. Outra corrente de economistas, os monetaristas, sugere que a política monetária não tem essa propriedade. Os fatores de produção com os quais se estabelece a produção estão dados e assim o produto no longo prazo não pode ser maior ou menor. Os preços de todos os bens e serviços são flexíveis e a maior ou menor oferta monetária não altera o lado real da economia no longo prazo. Políticas monetárias podem até ter alguma efetividade no curto prazo, mas não no longo, por isso ela teria pouca efetividade no sentido da realidade econômica futura já estar projeta de modo imutável pela plenitude dos fatores de produção. Assim, os monetaristas acreditam que a moeda é exógena ao sistema economia refletindo o lado real da economia, mas sem a possibilidade de modificado na essência. Seria como um espelho que reflete os efeitos de uma maquiagem, sem alterar a essência do corpo onde ela se aplica[44].

Uma das primeiras tentativas de se estabelecer o relacionamento entre a moeda e o produto foi divulgado por Irving Fisher (1867--1947). Ele apresentou uma identidade bastante interessante entre a quantidade de moeda e o produto que ficou conhecida como a *teoria quantitativa da moeda*, dando suporte às argumentações dos monetaristas nos anos 1950/1960. Revisitando a teoria:

$$MV = PT$$

---

[44] O desejo pela posse das coisas é formado pela observação das condições reais da economia. Podemos desejar tudo o tempo todo, mas razoavelmente estimamos o que poderemos conseguir no futuro. Os desejos são formados com base no que já possuímos inteirados com as reais condições econômicas observadas. Os desejos são ilimitados, mas são satisfeitos de maneira incremental: uma vez satisfeito um desejo criamos outros. Assim, eles governam o longo prazo em um processo de negociação com o consumo presente. As variações nos preços *hoje* não têm o poder de alterar as posições desejadas pelos indivíduos com respeito ao seu nível de consumo e bem-estar futuro. A escola monetarista parece se apoiar nesta argumentação: valores são governados pelo imaginário das pessoas em termos de consumo futuro *versus* consumo presente, e no longo prazo ajustamentos nos preços hoje podem ter influências em curto prazo, mas não alteram a riqueza imaginada em longo prazo, uma vez que os desejos são mais poderosos do que o imediatismo, o curto prazo.

Onde M é a quantidade de moeda, V a velocidade de transações, P o preço médio de todos os bens transacionados, e T, todas as transações realizadas com moeda.

A velocidade de transações (V) é o número de vezes que a moeda (M) se torna receita ou gasto ao mesmo tempo. T é maior que o Produto, pois inclui os pagamentos de insumos, mão-de-obra, aquisição de artigos usados, títulos financeiros, ações, etc. PT recebe a denominação de Valor da Produção pelas contas nacionais, no qual se inclui todas as transações econômicas. Um valor muito superior daquele efetivamente constituído somente de bens e serviços finais que formam a categoria Renda ou Produto, como vimos anteriormente.

As abordagens posteriores introduziram modificações substanciais. A primeira delas foi relacionar a quantidade de moeda existente com a geração da renda ou produto. A renda é a multiplicação de um índice de preços pelo produto (as quantidades de produtos finais). Sendo assim:

$$MV = PY$$

Há duas modificações essenciais em relação à identidade de Fisher. A primeira é que a quantidade de moeda se relaciona à Renda Nacional (Y) ou ao Produto (média ponderada de preços vezes a quantidade de bens finais) e não ao Valor da Produção. A segunda é que V significa velocidade da renda e não velocidade das transações. Exprime portanto o número de vezes que a moeda se torna renda para alguém, durante o período de tempo considerado. Na versão de Fischer, V corresponde ao número de vezes que o dinheiro passa de mão em mão.

Nessa nova abordagem o parâmetro V se refere ao número de vezes que a moeda se torna dinheiro para alguém. Exemplo: Maria tem uma confecção e vende uma camisa para João. Maria deduz os custos do faturamento e embolsa uma parcela do ganho com a venda da camisa, denominado lucro. Com o lucro, ela pode ampliar ou dar continuidade a seu negócio de fazer e vender camisas ou adquirir outros bens em outras lojas cujos proprietários têm o mesmo comportamento. Assim a quantidade de moeda multiplicada pela velocidade da renda mensura o poder de compra em detrimento de sua função de meio de troca, como observado na identidade formulada por Fisher.

Nesta versão a variação na quantidade de moeda é plenamente capturada pela formação dos preços, identificando-se com a Renda real da economia.

$$MV/P = Y$$

Supõe-se que a velocidade da renda ou das transações, como na versão de Fisher, depende institucionalmente dos hábitos da sociedade e estes não mudam constantemente. Assim, variações na oferta monetária são transmitidas diretamente aos preços dos bens e serviços, não modificando a Renda real.

As variações nos preços causadas por variações na oferta monetária, como sugerido nessa versão, introduziram novas ideias com respeito à moeda. Basicamente, os indivíduos podem escolher guardar sua riqueza em bens e serviços e não sob a forma líquida de moeda corrente. Em outras palavras, a oferta de moeda ganhou sua contraparte: a demanda por ela.

Essa nova concepção foi formulada por A. Marshall e A. C. Pigou, e ficou conhecida como equação de Cambridge, já que seus autores eram professores da Universidade de Cambridge, na Inglaterra:

$$M = K \text{ (renda} \times \text{preços)} \text{ ou } M/\text{Preços} = K \text{ Renda}$$

Ela é basicamente idêntica à anterior — pois K seria $1/V$, o inverso de V — , com a distinção de que o parâmetro K corresponde à proporção da renda nominal, mantida como moeda pela sociedade em um período de tempo determinado. Colocada nestes termos, K indica quanto em média as pessoas desejam manter moeda para exprimir poder de compra: envolve um processo de escolha entre reter saldos em ativos financeiros ou em estoques de bens e serviços.

O parâmetro K governado por processos de escolhas individuais significa que a moeda segue os mesmos princípios que utilizamos para escolher outros bens e serviços para assegurar poder de compra. Na versão anterior, a velocidade renda (V) era um parâmetro, digamos, mecânico. Tanto em um caso como no outro, V e K não mudariam em condições econômicas estáveis, mas suas interpretações passam a ser bem distintas.

Com efeito, nos anos 1950/60, Milton Friedman, professor da Universidade de Chicago, ampliou a equação acima para incluir a ideia de que os processos de escolha entre guardar moeda e outros bens dependem das diferenças dos rendimentos que se deixa de receber por preferir um ativo em relação a outro. Ele introduziu o futuro nos processos de escolha entre bens e serviços e o bem mais líquido que é a moeda.

Nesta abordagem monetarista, o parâmetro K da equação anterior não é constante: não supomos que a demanda por automóvel seja fixa, mas sim que ela depende do preço do automóvel e de sua valorização no mercado. Em verdade, ele ampliou um conceito já estabelecido desde o final dos anos 1920 por John Maynard Keynes, com respeito aos ativos financeiros, generalizando o enfoque para todos os bens.

Para Keynes a procura por moeda, ou preferência pela liquidez, está basicamente determinada pelo preço da moeda que será igual aos rendimentos financeiros obtidos quando a emprestamos para alguém. Por isso, a variação de K depende da oferta e demanda monetária, ou em outras palavras: do preço da moeda sancionado pelo mercado. Esse preço é a taxa de juros. Desse modo a moeda é demandada por variações de preços *(P)*, da renda *(Y)* e da liquidez do sistema econômico *(r)*.

$$M^d = P \text{x} Y + r$$

Keynes estabeleceu pressupostos teóricos com respeito à procura por moeda. Ela é o bem mais líquido e a preferência que os indivíduos tenham por ela em detrimentos de outros bens se encerra em alguns motivos:

- *transação*: os indivíduos procuram moeda para fazerem despesas cotidianas que são efetivadas somente com ela;
- *precaução*: os indivíduos precisam de moeda para se precaver dos infortúnios que possam ocorrer no futuro, e que em alguns casos exigem para dinheiro vivo para serem solucionados;
- *especulação*: os indivíduos também optam por ter dinheiro em mãos da forma mais líquida para especular. Oportunidades de negócios requerem dinheiro vivo em muitos casos para serem concretizadas.

Resumindo, na versão moderna a demanda por moeda M^d real é função do produto *(Y)* e da taxa de juros *(r)*.

$$M^d = P \times f(r, Y)$$

$$Md/P = f(r, Y)$$

Como $M^s = M^d$

$$Ms = P \times f(r, Y)$$

$$P = Ms/f(r, Y)$$

Os preços são determinados pelo cruzamento entre a oferta e a demanda monetárias. Essa última é função da renda e da taxa de juros. As variações na oferta monetária enquanto não são transmitidas aos preços podem influenciar o nível do produto bem como a taxa de juros. Esse é o entendimento de uma versão Keynesiana pura. Políticas monetárias e fiscais eficientes diminuem o desemprego e podem elevar o produto. Para os monetaristas, no entanto, as variações na oferta monetária não exercem papel preponderante na riqueza e no emprego dos fatores de produção no longo prazo: a moeda não tem a propriedade de alterar a quantidade existente de riqueza e dos fatores de produção, pois esses já tem sua dimensão definida no futuro.

8.3 Contextualização Histórica dos Sistemas Monetários

Os metais preciosos como o ouro e a prata desempenharam muito bem o papel de *meio de troca* nas sociedades antigas. Imediatamente passaram a exercer também a função de *denominador comum* dos demais bens e serviços. Os soberanos cunhavam as moedas e lhes outorgavam garantias de aceitação facilitando o exercício da função *reserva de valor*. Com o avanço das civilizações, a moeda foi separada do seu valor intrínseco, bem como de seu lastro em termos de metais preciosos.

Do ponto de vista lógico-histórico podemos contextualizar quatro tipos de sistema monetário:

- padrão-ouro;
- moeda-conversível;
- moeda-inconversível;
- moeda-digital.

8.3.1 Sistema Monetário Padrão-ouro

Antigamente o sistema monetário era totalmente assentado no padrão-ouro. O dinheiro ou a riqueza estava personificado em coisas como a terra, no período feudal, nos desígnios divinos, como na época dos faraós no Egito, e nas características distintivas do ser humano em algumas comunidades primitivas. Metais preciosos existiam mais como meio de troca e denominador comum e menos como reserva de valor. Mesmo assim exercia certo fascínio entre os homens, a ponto de Judas trair Cristo por um punhado delas.

Com o avanço das trocas, a moeda passou cada vez mais a ser requisitada não somente como meio de troca, mas como um objeto possuidor de poderes mágicos: reserva de valor, poder de compra e expressão de riqueza. A moeda passou a ser um símbolo de poder personificado.

No Peru, na Bolívia e outros países da América do Sul os metais preciosos eram utilizados como adornos e não como moeda, no século XVI. Os espanhóis, quando os descobriram, ficaram maravilhados e no processo de colonização enchiam os navios de ouro e prata e os carregavam para a Europa, pois lá ouro e prata eram dinheiro.

No Brasil, o açúcar foi a especiaria eleita como moeda — mercadoria para ser produzida e comercializada na Europa. No Brasil colônia, as relações comerciais entre colônia e Portugal se estabeleciam em um circuito de compra e venda fechado denominado *exclusivo comercial* ou *pacto colonial*, no qual o escravo era a moeda padrão. Assim, trocava-se açúcar por escravos.

No Brasil colonial a função da moeda como meio de troca e denominador comum era exercida pelo metal precioso em muitos casos, mas a função reserva de valor (dinheiro) não: o número de escravos que o senhor de engenho possuía representava dinheiro. Somente no século XVIII, com a intensificação da Inglaterra contra o tráfico negreiro e o ciclo da mineração chegando ao final, é que a concepção do escravo como reserva de valor foi sendo abandonada em favor da instituição de uma moeda local. A escravidão foi reinventada na era mercantil, depois de ter existido na antiguidade e extinta no período feudal. Foi justamente a adoção revivida de um sistema escravista (escravo como moeda) que inviabilizava engenhosamente a independência das colônias. O escravo era considerado riqueza somente nelas e portanto constituía um excedente econômico sem validade na Europa. Ver: WILLIAMS, E. *Capitalism and Slavery*, University of North Carolina Press, Richmond, 1944.

A moeda como reserva de valor é criação do imaginário coletivo. Ela historicamente passa a ser dinheiro quando não só é um denominador comum das demais mercadorias, mas quando possui a propriedade de conservar valor no tempo e por isso ser medida da riqueza material. Assim, a moeda concentra a máxima liquidez, dentre todos os demais bens, liquidando contratos de forma imediata e conservando valor ao longo do tempo, mediante a pouca variação de sua quantidade em relação a produção dos bens e serviços e da riqueza existente.

Quando a moeda tem um valor intrínseco, reconhecido socialmente, como os metais preciosos, há uma forte inclinação para que todos assegurem na moeda, a riqueza e o poder de compra. Contudo, o uso dos metais preciosos nos pagamentos é sobejamente um incômodo. Temos que tê-lo junto a nós, todas as vezes que tivermos que fazer um pagamento. Esse inconveniente é ainda maior, no caso dos pagamentos à distância. Um outro inconveniente aparece quando o volume das trocas aumenta requerendo que a quantidade de moeda cresça na mesma magnitude para tornar o valor dos bens e serviços estável.

Nas sociedades antigas e medievais e mesmo no mercantilismo a produção de bens e serviços era praticamente constante, pois os avanços tecnológicos não eram frequentes. Assim, a descontinuidade entre a produção de bens e quantidade de moedas era evento raro. Todavia, historicamente, a aplicação da divisão do trabalho conforme a produção de artefatos e utensílios domésticos crescia, para posteriormente estabelecer-se em escala industrial, e a maior quantidade dos bens oriundos das trocas internacionais, foram condições suficientes para instituir-se um outro tipo de moeda: o papel-moeda.

O papel-moeda é um certificado de posse de metais preciosos. São papeis com dizeres específicos relativos ao seu valor e garantias de lastro em metais preciosos em favor do depositante dos metais nas instituições bancárias. Cada banco emite, portanto, seu papel-moeda que é utilizado em detrimento dos metais preciosos que ficam guardados nos bancos. Esse papel-moeda produzido pelos bancos era legal por força de lei e sua circulação podia ser substituída a qualquer momento pelos metais preciosos. O papel-moeda lastreado em metais preciosos extingue os dois inconvenientes acima mencionados (custo de carregamento e manutenção de valor monetário estável com produção crescente).

8.3.2 Sistema Monetário de Moeda-conversível

A perda do valor intrínseco e a criação de lastro em metais preciosos da moeda foram acontecimentos lógico-históricos. O excedente econômico, com a evolução social, é representado em papel-moeda — um título de crédito com o indicativo da quantidade de ouro e prata a que seu possuidor tem direito por tê-lo depositado em alguma instituição bancária. A qualquer momento o detentor do título poderia ir ao *banco privado emissor* e resgatar seus metais, a uma paridade fixa. O sistema monetário de moeda-conversível difere do sistema de padrão-ouro justamente pela engenhosidade da conversibilidade. De fato, notas indicativas de a quem pertence a moeda depositada no banco emissor autentica a posse do excedente econômico pela existência dos metais preciosos. A distinção em relação ao padrão-ouro reside no fato de que os preços dos bens e serviços passam a ser cotados em termos de papel-moeda e sua variação será seguida pela variação dos preços do ouro e prata.

A característica essencial do sistema de conversibilidade foi conferir ao sistema monetário padrão-ouro a tarefa de regular a emissão de notas, de modo a assegurar sua estabilidade. Sendo a unidade monetária significada no papel-moeda em termos de ouro e prata, o banco emissor, por força de lei, deveria trocar (converter) as notas pelos metais e vice-versa, em uma proporcionalidade definida previamente pelo Estado.

Por exemplo, um grama de ouro equivalia a uma unidade monetária e caso houvesse uma emissão de papel-moeda desproporcional, a ponto de estabelecer uma elevação geral dos preços, o preço do ouro também aumentava, e quando essa percepção se generalizasse por todos os possuidores de notas, eles iriam ao banco trocá-lo por ouro. Quem possuía uma unidade monetária ao trocá-lo por um grama de ouro poderia depois vendê-lo no mercado por duas unidades monetárias, por exemplo, caso os preços dobrassem. Esse processo, no limite, diminui a quantidade de notas em circulação aproximando os preços ao nível anterior. Caso a situação fosse de deflação, ou seja uma oferta insuficiente de papel-moeda, o preço do ouro também diminuiria, tornando vantajoso aos possuidores de ouro irem ao banco trocá-lo por notas, para depois comprarem uma maior quantidade de ouro no mercado. Sem qualquer intervenção política, o sistema de conversibilidade soluciona o caso da emissão do papel-moeda ser excessiva ou insuficiente.

O sistema monetário padrão-ouro com conversibilidade propicia um ajustamento automático tornando-o justo e perfeito em termos internacionais[45]. De fato, cada país ao manter fixa a paridade entre seu papel-moeda e os metais preciosos, e se obrigando a efetuar as trocas entre eles à taxa oficial estabelecida, evita assimetrias que possam ocorrer, pois havendo n moedas e n preços de ouro-prata, nenhum país ocupa posição privilegiada no sistema de pagamentos internacionais, já que os deslocamentos de ouro e prata podem ser transladados entre países.

O padrão-ouro internacional, como instituição legal, surge no ano de 1819 quando a Grã-Bretanha, centro produtivo e financeiro internacional à época, forçou por lei que o *Bank of England* trocasse a moeda da Grã-Bretanha, a Libra Britânica, por ouro a uma taxa fixa, superando as restrições sobre os movimentos físicos internacionais de ouro decorrentes de ajustamentos de preços nacionais causados pelo comércio de bens internacionais. Alguns anos depois essa regra foi seguida por outros países, notadamente os Estados Unidos com o Dólar, França com o Franco, Alemanha com o Marco e o Japão com o Iene.

8.3.2.1 Sistema Monetário Internacional Conversível Padrão-ouro

O sistema monetário internacional baseado na moeda reserva-ouro vigorou até 1914, quando se instaurou a primeira Guerra Mundial. Até esse ano, vários países seguindo a Grã-Bretanha adotaram paridade fixa entre o ouro e o papel-moeda. Ele difere do sistema descrito anteriormente por incluir o banco central para preservar a paridade oficial entre suas moedas e o ouro requerendo para isso um estoque considerável do metal precioso. Neste

---

[45] Muitos países estabeleceram o sistema bimetálico no qual a moeda nacional atrela-se ao ouro e à prata. Os Estados Unidos, antes da Guerra de Secessão foi um deles. A Casa da Moeda cunha quantidades de ouro e prata na moeda nacional, mas a paridade da Casa da Moeda poderia diferir do preço relativo de mercado de ambos os metais. Esse fato levaria o metal à desvalorização no mercado e a expulsar o metal que mantivesse seu preço constante ou que aumentasse. Com efeito, as pessoas prefeririam fundir prata nas moedas de dólar se o preço da prata estivesse depreciado em relação ao ouro. Comprando prata no mercado obteriam, com o mesmo gasto, mais dólares com a cunhagem em prata do que com a cunhagem em ouro. O metal mais barato expulsa o metal mais caro. Ver KRUGMAN, P.; OBSTFELD, M. *Economia Internacional*, cap. 17 e 18, Person, 6a edição, SP, 2005.

período predominava ainda a ideia (metalista) de valor contida nos metais preciosos, na qual as posições entre os países eram estabelecidas pelos saldos monetários existentes em ouro. As trocas internacionais de bens e serviços eram reguladas pelos bancos centrais: flutuações no balanço de pagamentos eram financiadas por trocas de carregamento de ouro entre eles.

Com o intuito de evitar grandes deslocamentos de ouro, os bancos centrais reforçaram políticas compensatórias por meio da conta financeira, com reservas de seus balanços de pagamentos. Lembre-se que o equilíbrio do balanço de pagamentos ocorre quando a soma de transações correntes com a conta capital e financeira é igual a zero. Assim, o saldo em transações correntes pode ser parcial ou totalmente financiado por empréstimos internacionais, sem a movimentação da moeda reserva-ouro.

Anteriormente vimos o mecanismo de ajustamento automático nas transações internacionais alertado por David Hume, com base nos fluxos e defluxos internacionais de ouro. Com efeito, os países, ao fixar o preço das moedas nacionais em termos de ouro, limitavam o crescimento monetário internacional dando certa estabilidade aos níveis de preços internacionais.

Essa situação muda radicalmente com a Primeira Guerra Mundial. Os países envolvidos com a Guerra Mundial financiaram parte de seus gastos militares emitindo papel-moeda, sem um crescimento correspondente da produção. Ao final da guerra, em 1918, os níveis de preços estavam elevadíssimos em todos os países beligerantes. Além disso, para o processo de reconstrução dos males causados pela guerra, os governos se financiavam por meio da emissão monetária, tal qual fizeram durante o período de guerra. A conjugação desses eventos resultou em um aumento significativo e rápido da oferta monetária e em decorrência nos níveis de preço nos anos seguintes ao final da Primeira Guerra Mundial.

Atualmente, a moeda não tem valor intrínseco e muito menos lastro nos metais preciosos. Ela tem seu reconhecimento social, se transmutando em riqueza, a partir dos governos que as emitem.

8.3.3 Sistema Monetário de Moeda-inconversível

O sistema de padrão monetário conversível foi substituído por um *sistema inconversível* cujo curso da moeda foi instituído por força de lei. Esse é o nosso padrão monetário atual. Neste sistema, prevalece a confiança na moeda ou em quem a emite em detrimento do valor intrínseco ou de um lastro em metais preciosos que se possa ter.

As razões para o abandono do sistema monetário padrão-ouro conversível podem ser resumidas em duas ordens. A primeira é que em determinados casos o Estado enfrenta despesas adicionais e a cobrança de tributos e contratação de dívidas não são suficientes para cobri-las. Despesas incitadas por situações de guerra e calamidades engendradas pela natureza e pelos homens podem ser exemplos desses casos. Se a emissão do papel-moeda lastrado em circulação for maior que a produção do país, causando um aumento geral de preços, um sistema de conversibilidade normal causaria um defluxo de ouro do país. Se a emissão de papel-moeda for excessiva, a quantidade de ouro que deveria provir com fins compensatórios pode superar a reserva de ouro do próprio país. Nesta situação resta ao país decretar por lei o curso forçado de sua moeda, tendo em vista a impossibilidade de continuar mantendo o sistema de conversão.

A segunda ordem de fatores levando o sistema de conversibilidade monetária a sucumbir, se refere ao ambiente das trocas internacionais de bens e serviços. Como vimos, o sistema monetário do padrão-ouro, em uma situação de livre comércio, propicia alterações nos preços domésticos, em relação aos preços internacionais, estabelecendo fluxos e defluxos de quantidades de ouro que forçosamente equilibram o balanço de pagamentos dos países. Contudo, isso ocorre em situações de normalidade. Fora desse contexto, uma severa crise em um país com razoável participação no cenário internacional, por exemplo, reduziria o emprego e a produção propiciando queda generalizada de preços, com severa redução das importações. O sistema de conversibilidade ficaria prejudicado:

a) tendo em vista que a quantidade de ouro do estrangeiro a ser transferida para elevar a paridade seria tal que superaria o estoque reserva de ouro dos parceiros comerciais,

b) sendo o processo de deflação gestado por condições gerais de uma crise econômica, os fluxos de ouro e/ou emissão de notas provavelmente seriam insuficientes para debelar a deflação e reativar a economia; e

c) na crise em um país, os parceiros comerciais veriam seus estoques em ouro caírem, por conta de suas importações no país em crise, com a consequente queda de seus preços domésticos resultando na obrigação de suspender a conversibilidade.

Historicamente, os países beligerantes da Primeira Guerra Mundial suportaram elevados gastos governamentais prenunciando os fatores listados acima para o fim do sistema de conversibilidade. A crise que se instaurou nos Estados Unidos em 1929 e se difundiu por toda parte reforça também os argumentos listados relativos ao ambiente das trocas internacionais para o abandono do sistema monetário de conversibilidade. Desde então, o sistema monetário adotado é o de papel-moeda inconversível.

O sistema monetário atual, com moedas inconversíveis, é garantido pelos Estados Nacionais. Cabe a eles certificarem o papel-moeda emitido. A moeda nacional personifica o poder do Estado, pois todos os débitos e créditos processados na sociedade atual são feitos por meio de papel-moeda. Alguns Estados evocam até o divino para garantir esse poder à moeda, imprimindo nela as máximas: "Deus seja louvado", como no caso da moeda nacional, o Real, ou "*In God we trust*" ("Em Deus confiamos"), como ocorre no caso da moeda norte-americana (para citar as mais conhecidas).

Estilizando a situação, a moeda inconversível emitida pelo Estado precisa ser controlada, pois sua quantidade mensura a riqueza material (estoque), todos os fatores de produção e todos os bens e serviços finais produzidos (fluxo). Variações na oferta monetária modificam os preços gerando efeitos distributivos na riqueza nacional. Desse modo, os governos tentam calibrar os níveis da oferta monetária na economia em função da demanda que os indivíduos econômicos tenham por ela. Uma oferta excessiva em relação à demanda gera efeitos deletérios ao depreciá-la e causa inflação. Ela se enfraquece e vai perdendo sua utilidade como reserva de valor: todos irão preferir ter sua riqueza em bens e serviços que se valorizem[46]. Uma quantidade restrita também não é desejável, pois dificulta

---

[46] Em algumas situações mercadorias se transformam em moeda — meio de troca — independentemente da existência da moeda legal. Suprimimo-nos da moeda legal e logo outra será posta em seu lugar como dinheiro. Veja o exemplo nos presídios, onde alguns bens como chocolate, cigarro, celular e outros passam a funcionar como dinheiro entre os presos. Na última crise da Argentina, os produtores agrários estavam pagando com grãos a compra de fertilizantes,

as iniciativas voltadas para expandir a economia: preços diminuem e juros reais se elevam nesta situação.

Estes fatos tem implicações substanciais: a emissão excessiva de papel-moeda inconversível alcança um valor imaginário, uma vez que não se encontra dimensionado a qualquer valor estipulado para sua conversão. Sem âncora, os preços podem subir atendendo a uma lógica de transferência de renda, na qual aqueles que recebem rendas fixas, condicionadas a contratos de temporalidade definida para reajustar preços — como os salários, aluguéis e prestação de serviços com exclusividade temporal —, perdem dinheiro em favor daqueles que fixam preços sem restrição, como os governos com as tarifas públicas, além daquelas determinadas pelo livre jogo das forças de mercado, como os produtores, de modo geral. Desse modo, os primeiros consumem menos liberando rendas para os mais afortunados que não estão restritos a condicionalidades para fixação de preços.

Os sistemas monetários padrão-ouro e o padrão-ouro conversível, comentados anteriormente, prescindiam de qualquer política monetária, uma vez que o estoque de ouro existente regulava os preços domésticos e internacionais. A política monetária somente se justifica no sistema de papel-moeda inconversível, pois a ausência de restrições a emissão de papel-moeda pelos Estados ou seus governos pode beirar a quantidades infinitas criando óbices ao funcionamento da economia.

8.3.4 Sistema Monetário Internacional com a Moeda Reserva Dólar

Após a Segunda Guerra Mundial, os países beligerantes saíram da guerra com um potencial produtivo enorme causado pelos avanços tecnológicos proporcionados pela economia de guerra: energia nuclear, processos de exatidão nos cálculos de balística, avanços na área de veículos terrestres, na indústria farmacêutica e alimentícia, no processamento das informações, para citar as mais conhecidas. Todo esse potencial tecnológico, criado por

---

ferramentas e até tratores e automóveis. As moedas eram: soja, trigo, girassol e milho. Todas à prova da política governamental de corralito (bloqueio de depósitos) e desvalorização da moeda legal. Nessa época, outras moedas foram criadas como os patacones improvisados por algumas províncias argentinas.

conta da guerra, é incorporado ao setor industrial expandindo de sobremodo as produções domésticas. A expectativa após a Segunda Guerra Mundial era de um mundo com alcance produtivo e consequente comércio internacional nunca visto.

Para o bom andamento dos negócios, era necessário que fossem instituídas normas de pagamentos e recebimentos internacionais condizentes com essa nova realidade. Era fundamental que as trocas internacionais se estabelecessem de modo plenamente seguro e ágil. Em termos macroeconômicos, o melhor dos mundos seria proporcionado por um sistema monetário que promovesse o emprego e a estabilidade dos preços, permitindo aos países alcançarem o equilíbrio externo-interno, sem restrições comerciais.

Certamente esse não seria o caso de uma volta ao sistema monetário apoiado no padrão-ouro criando óbices substanciais ao funcionamento do comércio internacional, por conta das limitações de seus estoques providos pelas minas auríferas existentes. Um sistema de moeda inconversível, no qual cada país determina o valor de sua moeda também não seria atraente, pois cada país provavelmente determinaria seu valor de forma competitiva em relação aos demais. Esse comportamento generalizado estabeleceria uma guerra cambial com prejuízos ao próprio mercado internacional.

Em julho de 1944 os países aliados se reuniram em *Bretton Woods, New Hampshire*, estabelecendo um sistema monetário, no qual a moeda reserva internacional aceita foi o dólar norte-americano. Acordaram que as taxas de câmbio de seus países seriam fixadas em relação ao Dólar e os Estados Unidos se comprometiam a manter uma paridade fixa em relação ao ouro, cujo preço seria (US$35 por onça). Os países poderiam manter suas reservas oficiais em ouro ou em dólares e poderiam trocar os dólares junto ao *Federal Reserve* dos EUA, ao preço estipulado. Esse sistema era atraente a todos os países, já que poderiam manter suas reservas em forma de ativos em dólares rendendo juros. Resumindo, era um sistema monetário padrão câmbio-ouro, tendo o dólar como a moeda reserva internacional.

Em 1971 esse sistema deu sinais de fragilidade. Por uma série de motivos os Estados Unidos aplicaram políticas ativas de expansão de sua renda encetando um processo inflacionário nos anos 1960, estimulando movimentos de compra do ouro ao preço de paridade. O efeito corretivo seria uma depreciação do dólar, mas isso não seria simples, pois todas as demais moedas estavam *fixamente* atreladas ao dólar. Para que essa política fosse bem-sucedida era necessário que todos os países concordassem com a depreciação da moeda estadunidense significando a valorização de suas moedas. Os preços de produtos estrangeiros majorados, em relação aos preços norte-americanos, estabeleceriam uma relação de trocas internacionais francamente favorável às exportações estadunidenses em detrimento às exportações dos demais países. Os especuladores, por outro lado, acreditavam que o preço do ouro subiria, com acerto, em futuro próximo. Em 1971 foi anunciado que os Estado Unidos não venderiam automaticamente seu ouro aos bancos centrais estrangeiros. O dólar foi desvalorizado em cerca de 8% em relação às demais moedas e o preço do ouro subiu para US$38 a onça. Essa última medida era inócua, pois os Estados Unidos antecipadamente já tinham declarado que seu ouro era invendável, contrariando o acordado na reunião de *Bretton Woods*, no ano de 1944. Na década de 1970, os países foram, cada qual a seu tempo, instituindo taxas de câmbio flexíveis (não mais mantendo paridade fixa com o dólar), mas inevitavelmente o dólar mantém sua centralidade internacional pelo porte e poder hegemônico de sua economia no cenário mundial.

8.3.5 Sistema Monetário de Moeda-digital

A corrente de pensamento austríaca que advoga o livre comércio geral e irrestrito, liderada por Hayek, estabelece um pensamento radicalmente contrário as lógicas apresentadas anteriormente. Essa linha de pensamento argumenta que a cunhagem e uso de moeda privadas têm maiores atratividades para o bom funcionamento do sistema econômico, em detrimento ao monopólio do Estado sobre a moeda, pois a competição entre as entidades bancárias privadas elevaria a eficiência do sistema. O livre mercado na *produção do dinheiro* evitaria processos inflacionários, pois nenhum deles gostaria de ver seu produto (dinheiro) desvalorizado perante os concorrentes. Assim, o livre mercado concorre para a harmonia e concórdia na determinação de taxas de juros[47].

O limite de alcance da ideia de auto regulação das moedas pelo livre mercado, como sugere Hayek, pode ter sua expressão comprovada na

---

[47] HAYEK, F. The Denationalization of Money, Institute of Economic Affairs, 1976.

evidência das moedas virtuais. A primeira delas foi a *bitcoin* lançada no ano de 2009. Atualmente existem mais de 700 tipos de moedas virtuais e certamente, embora não se tenha parâmetros de avaliação, a aceitação delas (mesmo considerando o ambiente restrito da *web*) não aparenta isenção de riscos, sugerindo que ao final somente algumas se destaquem das demais.

Inicialmente a *bitcoin* (BTC) teve utilização restrita aos negócios na *deep web* (internet subterrânea, em tradução livre) viabilizando a contratação de negócios escusos que iam desde o tráfico de entorpecentes até a contratação de assassinos de aluguel, por exemplo. A grande atratividade dessa moeda neste mercado é justamente por ser criptografada, o que torna impossível a identificação dos contratantes e contratados. A ascensão da moeda *bitcoin* ao status de moeda de aceitação restrita aos demais negócios na *web* foi rapidamente estabelecida dando sequência a uma onda de novas moedas virtuais, justamente como sugerido pela escola austríaca.

Esse mercado funciona, em linhas gerais, da seguinte maneira: as moedas surgem por meio de *mineração* de internautas que se empenham em colocar os computadores para exercerem essa função por meio de softwares específicos. Assim que o ciclo da mineração se esgota, nasce uma quantidade de moeda virtual *bitcoin* ou outra moeda virtual previamente minerada. O *minerador*, que pode ser o desenvolvedor da plataforma na qual serão operados os negócios criptografados, abre uma conta *bancária* na própria *web* que lhe permite negociar em vários mercados, inclusive nos mercados de dinheiro convencional, como o de dólares e de euros sem ser reconhecido, pois a residência de seus depósitos não é um banco tradicional. Sua conta criptografada associada a senhas reside na *web* e por meio dela são feitos pagamentos e recebimentos sem intervenções de um órgão controlador. Tudo isso é gerenciado sem o controle de um banco central.

A aceitação da moeda *bitcoin*, que antes era restrita aos negócios da *deep web*, hoje se apresenta em vários estabelecimentos convencionais fora da *web*. Com a moeda *bitcoin* pode-se até adquirir pizzas e outros produtos em determinados estabelecimentos que propagandeiam a aceitação da moeda como pagamento por seus produtos. Os princípios de liquidez, da conservação do valor ao longo do tempo e liquidação de contratos imediatamente estão contidos nas moedas virtuais, onde o seu valor e sua aceitação são exercidos pelo mercado independente dos bancos centrais de seus países. Com esses atributos, as moedas virtuais são bastante procuradas e sua valorização tem crescido de modo bastante expressivo.

8.4 Bancos e o Sistema Financeiro

Uma das funções da moeda, do ponto de vista lógico-histórico é ser *reserva de valor*: poder de compra acumulado. Atualmente os bancos centrais e comerciais criam moeda. Os primeiros demandam emissão monetária à Casa da Moeda criando a moeda manual. Os segundos, bancos comerciais, criam a moeda escritural a partir dos depósitos recebidos. Criam, assim, papel-moeda, o utilizando, a qualquer momento, para liquidar contratos de dívida futura ou atual. Engenhosamente os bancos comerciais emprestam parcela dos depósitos que ficam sob sua guarda: essa parcela é a totalidade dos depósitos menos os encaixes bancários — parcelas que os bancos estimam guardar em seus cofres para fazer frente aos saques dos depositantes. O resultado da diferença entre o total depositado pelos correntistas menos os encaixes bancários é o quanto os bancos tem disponível para emprestar. Esses empréstimos se transformam em novos depósitos que se prestam a novos empréstimos e assim sucessivamente.

Todo o dinheiro depositado no banco comercial é moeda escritural em um montante bem superior à moeda denominada de manual criada pela Casa da Moeda. Os meios de pagamentos em uma sociedade compreendem a totalidade da moeda manual mais a moeda escritural. Observe que a moeda escritural é um múltiplo dos depósitos dos correntistas, sendo assim superior à moeda emitida pela Casa da Moeda.

Meios de Pagamentos:

$$M = \text{moeda manual} + \text{moeda escritural}$$

A quantidade de moeda manual e escritural simboliza poder de compra acumulado (M/preços) representando a riqueza material de uma sociedade. A tendência secular do progresso técnico de aumentar cada vez mais o produto propicia maiores excedentes econômicos, cuja guarda em valores monetários fica por conta das instituições do sistema financeiro. Do ponto de vista lógico, o sistema financeiro guarda o excedente econômico monetizado. O alcance da importância do sistema financeiro está justamente representado pela grandeza do excedente econômico depositado em suas instituições[48].

As famílias, empresas e o governo depositam ou aplicam o dinheiro nas instituições financeiras. Monetizam, portanto, seus excedentes econômicos. O sistema financeiro ganha escala aglutinando os excedentes econômicos individuais e por meio de débitos e créditos financiam os investimentos das empresas, as compras das famílias e proveem fundos para o governo tocar suas funções, para além daquele possível pelos recursos provenientes somente dos tributos. Assim os bancos cumprem a função de estimular a demanda agregada: aumentando o consumo, o investimento e os gastos do governo.

Tudo isso é feito por meio de uma programação bancária. Os bancos estimam um encaixe bancário, uma parcela dos depósitos totais, que colocam à disposição dos depositantes na certeza que o cliente não sacará imediatamente a totalidade de seus depósitos, senão pequenas parcelas ao longo do tempo. Definem uma relação estatística que supõem segura entre reservas em moeda para atender as operações de saque e os depósitos à vista. Uma parte do poder de compra dos membros de uma sociedade fica submetido, assim, a um percentual dos depósitos à vista que se transformam em créditos originando novos depósitos à vista nos bancos comerciais (D_{vbc}). A outra parte é o dinheiro disponível aos indivíduos e instituições privadas e públicas que estão fora do circuito bancário, genericamente denominado de papel-moeda em poder do público $(PMPP)$.

A quantidade dos valores envolvidos na totalidade das intermediações financeiras condicionada a taxas de encaixes bancários mais o $PMPP$ corresponde aos *Meios de Pagamento* (M_1).

Já a totalidade dos encaixes de todas as instituições bancárias somadas aos encaixes bancários (E_t) denominamos de *Base Monetária* (BM).

---

[48] Os bancos perseguem o excedente econômico, tal qual, por analogia, as farmácias se instalam onde existem pessoas doentes com dinheiro para elas venderem a cura ou o controle da doença. Antigamente, sem o advento da internet, se desejássemos saber se uma região ou localidade era rica, ou seja, se as possibilidades de geração de excedente econômico ocorreriam de modo eficiente, bastava olhar a quantidade de agências bancarias ali instaladas. A correlação seria certamente positiva e significativa.

$$M_1 = PMPP + D_{vbc}$$

$$BM = PMPP + E_t = PMC$$

A base monetária é igual ao papel-moeda em circulação (PMC).

De fato, o papel-moeda emitido pelo Banco Central (PME) só se transforma em moeda quando colocado à disposição do sistema bancário ou do público de modo geral[49]. Assim:

$$PME - \text{caixa do Banco Central } (C_{bc}) = \text{papel-moeda}$$
$$\text{em circulação } (PMC)$$
$$PMC - E_t = PMPP$$

$$PME = C_{bc} + E_t + PMPP$$

Um exemplo ilustrativo da expansão dos meios de pagamentos pelos bancos privados é feito a seguir:

Sendo o depósito à vista promovido por um depositante sucede-se que a primeira expansão dos meios de pagamento ΔM_1 corresponderá justamente a esse depósito inicial (H). Ora, o banco reserva parcela do depósito (r) para atender os saques de seu cliente em determinado período, emprestando o restante $(1 - r)$, promovendo a expansão dos meios de pagamento ao proporcionar novos depósitos à vista:

$$\Delta M^1 = H$$

$\Delta M^2 = H(1 - r)$ é a parcela que o banco emprestará será convertida em um novo depósito à vista.

$\Delta M^3 = H(1 - r)(1 - r) = H(1 - r)^2$ e assim sucessivamente...
$\Delta M^n = H(1 - r)^{n-1}$

$n - 1$ conversões de depósitos à vista formam uma progressão geométrica decrescente infinita.

A soma dos ns empréstimos pode ser obtida pela expressão a seguir que corresponde à soma dos elementos que formam uma série de progressão geométrica decrescente. Em outras palavras, existe um multiplicador bancário cujo resultado mostra a totalidade dos depósitos bancários

---

[49] CARVALHO, F. J. C. *et al. Economia Monetária e Financeira,* Rio de Janeiro, Campus, 2001.

criado por uma expansão inicial da oferta monetária (no exemplo, o depósito original H):

$$\boxed{\sum \Delta M = H\, 1/r}$$

Os bancos centrais procuram controlar os meios de pagamento estabelecendo regras constitutivas de um fundo de reserva formado por uma parcela dos depósitos à vista nos bancos comerciais denominado "encaixe compulsório". O fundo de reserva também pode ser utilizado para auxiliar as instituições integrantes do sistema financeiro, no caso de alguma(s) dela(s) ter problemas em financiar suas posições de caixa[50]. Assim, o multiplicador bancário dos meios de pagamentos deve considerar também o encaixe compulsório para mensurar o impacto de uma expansão monetária original nos meios de pagamentos.

Também procuram controlar a liquidez da economia por meio da *compra e venda de títulos públicos*. Outra modalidade de controle convencional é o redesconto bancário exercido pelo Banco Central. O Banco Central estabelece uma *Taxa de Redesconto Bancário* (TRB) aplicada quando os bancos privados solicitam reforço de caixa para continuar tocando suas operações de crédito e débito. É claro que o banco desprovido de reserva pode solicitar empréstimos a outros bancos privados que tenham excessos de reservas, mas as taxas de juros (juros interbancários) oferecidas para essa modalidade girarão ao redor da TRB.

As operações efetuadas pelo sistema financeiro criam ou destroem meios de pagamento. Há criação de meios de pagamento quando o público recebe haveres monetários — papel-moeda e/ou depósitos à vista — do setor bancário dando em contrapartida haveres não monetários, o que aumenta o saldo dos meios de pagamento disponíveis à população. Há destruição dos meios de pagamento quando o processo se dá no sentido inverso: a população entrega haveres monetários aos bancos recebendo em troca haveres não monetários. A simples abertura de uma conta corrente não cria ou destrói meios de pagamento, mas os empréstimos propiciados por essa abertura de conta representam a criação de M_1.

---

[50] No caso brasileiro, no final do século passado foi criado o Proer (Programa de Estímulo à Reestruturação e ao Fortalecimento do Sistema Financeiro Nacional) justamente com essa finalidade. Os seus recursos eram totalmente oriundos dos encaixes compulsórios.

Grande parte da destruição e da criação dos meios de pagamentos origina-se nos bancos centrais por meio de suas operações ativas: os débitos e créditos a governos e autarquias. A taxa de redesconto concedida a bancos comerciais, as reservas cambiais e a compra e venda de títulos da Dívida Pública são operações que criam ou destroem meios de pagamento. A elevação nos saldos das operações ativas dos bancos centrais inicia o processo de criação dos meios de pagamento. Em seguida o sistema financeiro responde por multiplicação no sistema econômico aqueles haveres monetários iniciais.

Os governos estimam a totalidade dos meios de pagamentos (M_1) disponíveis para conservá-los em linha com o lado real da economia. O conceito de M_1 corresponde à quantidade em valor monetário dos ativos (dinheiro) mais líquidos disponíveis na economia. Existem conceitos de meios de pagamentos que envolvem ativos menos líquidos. No caso brasileiro, o conceito de meios de pagamento (M_2), por exemplo, corresponde à adição ao M_1 dos depósitos a prazo mais o estoque de títulos públicos. O conceito de meios de pagamento M_3 equivale ao M_2 mais o dinheiro na caderneta de poupança. M_4 é formado pelo M_3 mais os títulos privados em operações compromissadas entre o público e o setor financeiro. Esses conceitos são convencionados pelos bancos centrais e podem variar regionalmente e no tempo. Eles são importantes, pois mensuram a composição da carteira de ativos do público em determinado momento, constituindo poderosa informação para o controle dos preços e políticas ativas do Banco Central.

8.4.1 Política Monetária Brasileira

De modo geral, admite-se que o principal papel a ser desempenhado pelo Banco Central é o de controlar a liquidez na economia. O objetivo é evitar que excesso ou escassez de recursos financeiros — crédito e moeda — acessíveis a todos possa propiciar uma demanda por bens e serviços superior ou inferior à capacidade de oferta produtiva das empresas. O excesso de liquidez poderia colocar pressões inflacionárias em andamento. Alternativamente os bancos centrais podem, no caso de certa escassez de moeda e crédito, agir no sentido de ampliar os meios de pagamento disponíveis à sociedade, como forma de estimular a oferta produtiva.

Os instrumentos clássicos para o Banco Central orquestrar a liquidez da economia são três:

a) os depósitos compulsórios dos bancos privados no Banco Central;
b) taxas de redesconto que são os juros cobrados pelo Banco Central aos demais bancos; e
c) operações de *open market,* que consistem na compra e venda de títulos públicos empreendida pelo Banco Central.

A política monetária procura manipular a liquidez da economia controlando a disponibilidade dos bancos de fornecer moeda escritural ao público. Assim, bancos centrais e privados criam e destroem meios de pagamentos. O esquema a seguir é ilustrativo:

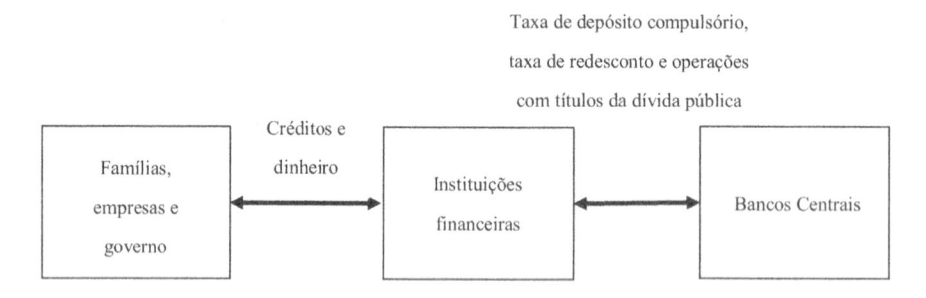

No Brasil, a calibragem dos meios de pagamentos pelos instrumentos tradicionais para precificar o dinheiro — fixar a taxa de juros da economia — tem alcance menor por conta da SELIC, que não é uma taxa de juros (como muitos pensam), mas uma sigla que significa Sistema Especial de Liquidação e Custódia.

Os títulos de dívida pública em posse das instituições financeiras ficam depositados virtualmente no ambiente desse sistema e são negociados entre elas gerando fluxos de transferências no montante determinado pelas necessidades de dinheiro das instituições. É uma troca de títulos por dinheiro e vice-versa. Esses títulos estão nas caixas das instituições privadas e públicas atrelados à composição de vários papeis ofertados ao público de modo geral. Também compõem a caixa dos bancos centrais para as operações de redesconto e depósitos compulsórios.

As instituições com excesso de caixa no Banco Central o transferem para os bancos tomadores de empréstimos e estes transferem títulos públicos que possuem, em valor equivalente e que estão depositados no sistema SELIC, para os emprestadores. Eles pagam uma taxa de juros aos financiadores tomando por base a taxa SELIC — geralmente em um valor um pouco menor do que aquele.

A Figura 2 extraída do site do Banco Central ilustra uma operação entre instituições que procuram zerar suas posições ao final do dia. O Banco Central fixa, ao final do dia, a remuneração dos títulos públicos com base nos juros praticados no financiamento interbancário naquele dia.

O Comitê de Política Monetária (COPOM) fixa a taxa juros para o período entre suas reuniões — geralmente superior a um mês — com base na taxa média dos financiamentos diários, com lastro em títulos federais, apurados no Sistema Especial de Liquidação e Custódia. É muito importante observar que essa taxa de juros vai a reboque da taxa definida pelo mercado interbancário. A Figura 2 a seguir caracteriza essa orientação.

Figura 2.

---

1. Compra de títulos associada com operação compromissada intradia

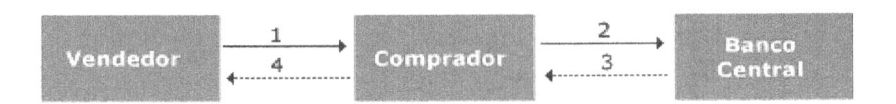

2. Volta de operações compromissadas intradia associada com venda de títulos

Fonte: Banco Central, 2017.

A taxa de juros fixada pelo COPOM não reina diretamente no controle do volume dos meios de pagamentos, como poderia ser esperado. Esse controle é exercido pelos mecanismos tradicionais — depósito compulsório, taxa de redesconto e operações de *open market*. A taxa de juros fixada pelo COPOM reina no mundo dos rentistas, pois a taxa SELIC estabelece a remuneração direta de parte da dívida pública, a qual se manifesta indiretamente no valor da remuneração global da dívida, impactando as despesas do Tesouro Nacional.

Só para se ter ideia da ordem de grandeza, um aumento de 0,5 % na taxa SELIC implica em despesas superiores ao valor dedicado ao programa Bolsa Família, tendo como exemplo os anos recentes (próximo a 21 bilhões de reais, pelos dados do Ministério do Desenvolvimento Social).

Entretanto, quando o Banco Central utiliza as operações de *open market*, colocando títulos federais com compromisso de recompra pagando taxas SELIC atraentes para enxugar a liquidez, os depósitos nos mercados financeiros de outros países com taxas de rendimentos inferiores orientam-se para cá em busca de ganhos especulativos maiores do que os vigentes no seu país de origem. O efeito do enxugamento da liquidez da economia é atenuado em favor dos rentistas e do fortalecimento momentâneo das reservas internacionais (efeito blindagem da economia contra o contágio das crises internacionais, como a de 2007/2008).

Em 2018, a dívida pública interna e externa foi de 3,9 trilhões de reais e o PIB alcançou a marca de 6,8 trilhões de reais (cerca de 57% do PIB). Esse mercado de títulos é muito poderoso, ao ponto de restringir a liquidez da economia, tornando a taxa de juros reais do mercado uma das maiores do mundo. No caso das taxas de financiamento dos cheques especiais e cartões de crédito elas são superiores a 200% ao ano, uma vez que o sistema financeiro brasileiro é extremamente concentrado.

8.4.2 Taxa de Câmbio

De modo geral, os preços dos bens e serviços são cotados em moedas nacionais e se equivalem na moeda eleita como internacional por meio de taxas de câmbio: razão — ou relação — entre duas moedas. Assim, a taxa de câmbio é o preço em moeda nacional de uma unidade de moeda estrangeira[51].

---

[51] Esse é o método denominado direto. O método indireto consiste em encontrar a taxa de câmbio medindo o preço da moeda nacional em termos da moeda estrangeira. Por simplificação didática usamos o método de apuração direta neste capítulo.

O preço da moeda estrangeira é governado pela oferta e demanda como qualquer outra mercadoria. Por ser um ativo, é influenciado pelas expectativas que os compradores e vendedores têm de seu valor ou rendimento no futuro. Desse modo, a taxa de câmbio de hoje está relacionada com as expectativas do poder de compra das moedas no futuro.

Como vimos anteriormente, as taxas de câmbio são importantes já que permitem comparar bens e serviços semelhantes produzidos em outros países. Um mercado cambial é formado pela troca entre duas moedas. Atualmente quase todos os mercados cambiais, dos diversos países, estão integrados, pois a maioria deles garante aos demais o livre acesso a seus mercados. O mercado cambial é, portanto, o maior mercado do mundo e as transferências de ativos monetários, quando aceitas, são feitas instantaneamente por conta do espetacular avanço nos meios de informação. As transferências internacionais correspondem a duas ordens: a primeira de bens e serviços; a segunda de ativos monetários e financeiros que se ampliaram ao longo do tempo. No início dos anos 2000, o volume diário nos mercados cambiais correspondiam a 1,2 trilhões de dólares. Estima-se que somente 10% deste valor representam trocas de mercadorias e serviços, sendo o restante representando transferências de ativos monetários e financeiros.

Essa situação vem subordinando a política cambial aos ajustamentos macroeconômicos na maioria dos países em detrimento de sua função de ajustamento do comércio internacional de bens e serviços. Atualmente os maiores mercados cambiais são os de Londres, Nova York, Cingapura e Frankfurt.

Na reunião de Breton Woods, em 1944, que deu início à constituição das Nações Unidas, dois organismos se destacaram dentre vários para aprimorar as relações econômicas entre os países beligerantes: o *General Agreement of Trade and Tariffs* (GATT) e *Internationl Monetary Fund* (IMF).

O primeiro visava desenvolver por meio do livre comércio o maior intercâmbio entre os países. Com o fim da Segunda Guerra Mundial, era visível o desenvolvimento tecnológico de alguns países beligerantes, principalmente os Estados Unidos, e depois países da Europa que se beneficiaram do Plano Marshall dos EUA de reconstrução europeia. O aumento de produtividade do trabalho em favor desses países levaria os demais — fora do eixo de desenvolvimento tecnológico do pós-guerra — a utilizarem instrumentos e mecanismo de proteção às suas industrias domésticas contra a competição externa, criando severas restrições ao comércio internacional. O GATT visava justamente aprumar o comércio internacional reduzindo os mecanismos protecionistas, de modo a facilitar o intercâmbio mundial de bens e serviços.

O IMF deveria cuidar dos pagamentos e recebimentos internacionais, uma vez que a distribuição desigual de produtividades entre países favorecia as exportações daqueles que mais se desenvolveram em relação aos países que não contavam com suportes tecnológicos, adequados ao aumento da competitividade internacional. Esse desequilíbrio se manifestaria nas balanças de comércio externo de bens e serviços, sendo adequado um Fundo que pudesse cobrir os *déficits* momentâneos nos balanços internacionais dos países menos favorecidos. Vale alertar que o IMF não é um banco, senão um fundo no qual os países participam por meio de cotas.

Todo esse movimento entre países em favor do comércio internacional se passava mediante duas operações às quais os países naturalmente se submetiam. A primeira era a moeda norte-americana (dólar) ser aceita internacionalmente. Os EUA garantiam a troca de ouro por dólar a uma paridade fixa entre sua moeda (dólar) e o ouro a uma taxa de conversão de US$35 por onça de ouro. A segunda operação era a instituição de uma paridade fixa das moedas nacionais em relação ao dólar por todos os países.

O Brasil manteve essa norma, com algumas variações, até os anos 1980. Uma taxa de câmbio fixa com inflação doméstica era terreno fértil para as importações em detrimento das exportações. Também um processo inflacionário rápido levava a perdas entre a cotação de preços de um produto brasileiro exportável e o seu recebimento em dólares. Assim o Brasil estabeleceu com o FMI um mecanismo de atualização cambial *pari passu* ao Índice Geral de Preços (IGP) desde o final de 1960. Em meados dos anos 1980 passou a programar uma taxa de câmbio flutuante submetida ao livre jogo das forças de mercado, mas com forte intervenção do Banco Central do Brasil. Nessa época, no Brasil a taxa de câmbio se prestava muito mais ao ajustamento macroeconômico vis-à-vis ao seu comércio exterior. O Brasil passava por severos processos inflacionários e os fluxos de ativos monetários e financeiros tinham escala bem superior aos pagamentos e recebimentos dos bens e serviços transacionados internacionalmente. Em 1994 foi instituído o Plano Real que efetivamente extinguiu o processo inflacionário que tinha por características próprias se tornado inercial (os preços aumentam por resistência às mudanças). A inflação, desde aquela época, vem tendo um comportamento estável, mas a política cambial continua a prestar serviços a uma flutuação suja, no jargão economês, que significa livre mas com intervenção governamental operativa.

O mercado de câmbio compreende a interação entre famílias, instituições financeiras e empresas que compram e vendem moedas estrangeiras para fazer pagamentos e recebimentos internacionais. As principais categoriais de participantes nos mercados cambiais devido ao volume transacionado são:

a) *bancos comerciais:* quase todas as grandes transferências internacionais de depósitos bancários são feitas por instituições bancárias. Os bancos comerciais desempenham um papel central nos mercados cambiais concentrando as operações de créditos e débitos expressos em diferentes moedas;

b) *empresas:* muitas empresas precisam da moeda de outros países para tocar seus negócios. Uma empresa nacional coligada em país estrangeiro precisa da moeda daquele país para pagar transações referentes à aquisição de insumos e mão-de-obra doméstica, por exemplo;

c) *instituições financeiras não bancárias:* com a desregulamentação dos mercados cambiais a partir de 1980, muitas instituições financeiras não bancárias passaram a oferecer a seus clientes a opção de aplicarem seus recursos em operações cambiais. Fundos de pensão que movimentam recursos consideráveis, por exemplo, ampliam seus serviços para além das fronteiras nacionais;

d) *bancos centrais:* os bancos centrais intervêm nos mercados cambiais uma vez que controlam a liquidez da moeda nacional afetando diretamente as taxas de juros. Os participantes dos mercados cambiais têm atenção singular com as operações do Banco Central no intuito de capturar os movimentos futuros das taxas de câmbio compartilhadas com os rendimentos providenciados pelos juros.

Vale caracterizar que as operações de câmbio são efetuadas no mercado à vista, futuro ou operações de *swaps*.

8.4.3 Taxas de Câmbio à Vista e Futuro

As operações cambiais à vista geralmente são efetuadas em dois dias pelo sistema bancário. As de câmbio interbancário correspondem a cerca de 80% das atividades relacionadas aos mercados de câmbio. As taxas interbancárias são aquelas que os bancos cobram entre si, geralmente cotadas para grandes volumes. As taxas para as empresas são denominadas taxas de varejo e geralmente são maiores que as taxas interbancárias. A diferença entre elas é a remuneração dos bancos pelos serviços prestados.

Alguns contratos de câmbio especificam datas futuras para liquidação. As taxas cotadas neste mercado futuro são denominadas taxas de câmbio futuras. Elas diferem das taxas à vista, uma vez que seu valor para o futuro ($t + 1$) foi acordado hoje (t). Essa opção ocorre quando se deseja evitar riscos com respeito à variação cambial.

Um importador, por exemplo, encomenda produtos de outro país que somente chegarão em 30 dias, ocasião em que ele deverá pagar pela encomenda em moeda internacional. Para não se arriscar a uma variação cambial desvantajosa que possa ocorrer no dia do pagamento, ele pode contratar os "cambiais" hoje em moeda nacional tendo as reservas cambiais quando chegar sua encomenda. Independente de qual seja a taxa daqui a 30 dias, ele assegurou o valor da taxa de câmbio que supôs ideal para os andamentos de seus negócios. Afinal ele não deseja especular com o câmbio, senão tocar seu negócio empresarial.

Existe um contato íntimo entre as taxas à vista e a prazo. Em verdade é esperado que a taxa futura $t + 1$ cotada em t seja a taxa à vista que se realiza em $t + 1$. Isso ocorre no caso do mercado cambial ser eficiente para que a taxa de câmbio futura incorpore todas as expectativas (E) com respeito à determinação do câmbio no futuro. Assim o passado determina o presente:

$$E(e_t) = e_{t-1}$$

As operações de *swaps* cambiais correspondem à venda à vista de determinada moeda com garantia de recompra futura desta mesma moeda. Ela é utilizada quando se deseja utilizar a mesma moeda para operações acertadas previamente em distintos mercados. Evita-se neste caso cobranças duplas de corretagem.

8.4.4 Taxa de Câmbio Real

Quando medimos as trocas entre moedas temos a taxa de câmbio nominal. Quando mensuramos o poder de compra de uma moeda em relação a outra chamamos de taxa de câmbio real.

$$e_r = eP^*/p$$

onde:

e_r = taxa de câmbio real;

eP^* = taxa de câmbio nominal multiplicada pelo índice de preços do país estrangeiro; e

p = índice de preço no mercado nacional. No Brasil é mais utilizado o índice de precos por atacado (IPA) retratando operações no atacado, como geralmente acontece no comércio exterior.

Simulando a taxa de câmbio real como uma relação entre o real e o dólar ($e_{R\$/US\$}$) e considerando a variação de preços (P) ao longo do tempo ($p_{t+1} - p_t)/p_t$, a inflação interna no Brasil encarece as exportações brasileiras e torna os produtos importados mais baratos. A inflação norte-americana, por seu lado, encarece os preços de importação e favorece as nossas exportações.

Como utilizamos índices de preços, que são temporais, para calcular a taxa de câmbio real em um instante no tempo, o nível original da taxa de câmbio torna-se essencial, pois caracteriza o distanciamento da taxa real em relação à taxa nominal. E isso depende do período considerado para mensurar as variações de preços nos dois países. A taxa real de câmbio indica se os preços dos bens estrangeiros estão se tomando mais ou menos caros em relação aos bens domésticos, em um período considerado. De fato, e_r captura as variações nos preços relativos dos bens e não nos preços relativo das moedas.

Podemos calcular a taxa de câmbio real para qualquer espaço de tempo. Contudo se desejarmos saber o quanto ela difere hoje de uma taxa de equilíbrio, é desejável considerar a taxa de câmbio que vigorou para o período em que o saldo em conta corrente do balanço de pagamentos foi o mais equilibrado (saldo próximo de zero) em relação à data atual. A centralidade entre exportações e importações é um bom indicativo — na ausência de outros indicadores — de um mercado no qual a cesta de bens comercializados internacionalmente se aproximam.

8.4.5 Lei do Preço Único

Sem restrições ao comércio, os preços domésticos tendem a se igualar aos respectivos preços internacionais. Essa premissa é tão forte que virou uma máxima do comércio internacional: a Lei do Preço Único[52].

$$P_a^{R\$} = e\, P *_a$$

Na igualdade acima $P^{R\$}$ e $P*$ são os preços nacionais e internacionais, respectivamente, de um bem genérico *(a)* cotados pelo livre jogo das forças de mercado, ajustado à taxa de câmbio *e*. Muitos países adotam políticas de proteção aos seus mercados domésticos criando tarifas *ad valorem* às importações *(t)* e demais barreiras ao comércio internacional com base nesta lei:

$$P^{R\$'} = e\, P * (1 + t)$$

Onde $P^{R\$'} > P*$

---

[52] Essa máxima foi estabelecida a partir dos estudos de David Ricardo (1817) contidos na sua obra *Princípios da economia política e tributação*. Os preços domésticos se aproximam ao internacionais para produtos semelhantes em mercados internacionais sob o livre comércio, abstraindo os custos de transportes e demais variáveis naturais que possam modificar preços.

Onde a proteção nominal é igual a:

$$(1 + t) = P^{R\$'}/e\, P*$$

Os preços internos podem ser majorados, pois os internacionais se tornaram maiores, aos olhos do consumidor doméstico, na medida da tarifa alfandegária *(t)*.

O gráfico abaixo caracteriza essa situação. A demanda *(d)* e a oferta *(s)* são consistentes com a ideia de livre comércio quando os preços internos e externos se igualam *(P$_w$ = P$_d$)*. Sendo a tarifa *ad valorem* às importações aplicada *(t)*, os preços domésticos podem aumentar ate o limite de *P'd"* que é igual ao preço internacional majorado por conta do exercício tarifário [P$_w$ (1 + t)]. Nesta situação, o consumo doméstico é penalizado, privando os consumidores da quantidade *(d' ⟸ d)* e a produção é favorecida, aumentando em *(s ⟹ s')*. Essa é a ideia da proteção ao mercado doméstico contra a competição externa pelos meios tributários.

Gráfico 6.

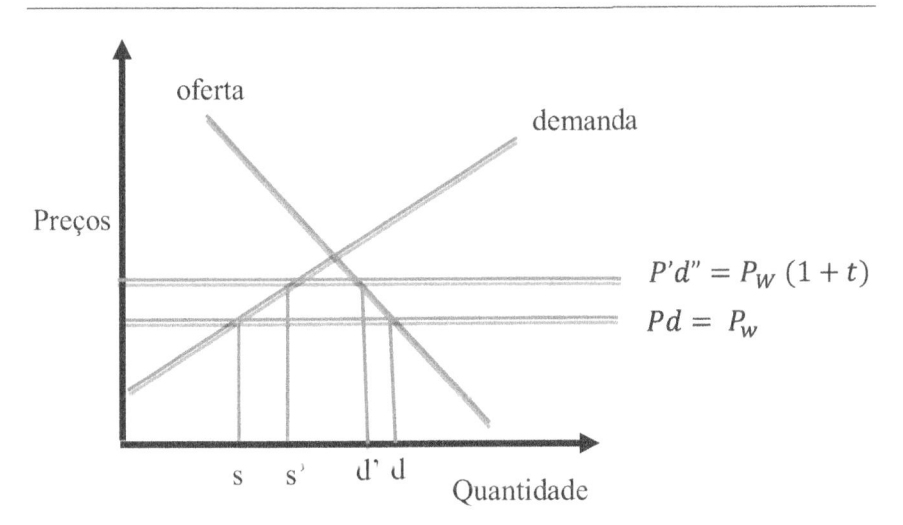

Essa ilustração é adequada para mercados particulares, mas para toda a economia ela deve ser vista com cautela e também ponderada com respeito ao regime cambial prevalecente. De fato, assim observado, a taxa de câmbio mantém características de se posicionar no equilíbrio de modo fixo, permitido que a proteção pretendida no mercado particular se efetive. Contudo, no caso de um cambio flutuante, sua taxa aproximará preços domésticos e internacionais anulando o efeito protecionista. De qualquer modo, como o modelo protecionista é parcial, incidindo, geralmente, sobre alguns mercados, é razoável imaginar que alguma proteção será mantida nos mercados, objeto da proteção particular. De fato, uma política de proteção ao mercado doméstico com taxas de câmbio flexível incorporaria imediatamente a variação de preços decorrente das tarifas *ad valorem* para proteger o mercado doméstico contra a competição externa, anulando a política tarifária. A lei do preço único representa uma taxa de troca para cada par de bens similares isolados. Quando ela representa uma cesta de bens, sua significância se traduz no que denominamos de paridade de poder de compra (PPC). Do ponto de vista prático, os bens têm custos diferentes entre países bem como os salários, impostos e demais encargos. Neste contexto, a validade da lei do preço único para um conjunto de bens fica enfraquecida.

No entanto, uma versão diferente da lei de preço único pode ser relacionada. Compreende uma taxa de câmbio formada pela interação dos *ns* bens comercializados, e representa uma cesta de bens bastante ampla pertencente aos países envolvidos com o comércio. Nesse caso, ela pouco se modifica devido à proteção contra a competição externa aplicada no conjunto de bens comercializados internacionalmente.

Atualmente, com a liberação do mercado cambial, os ativos financeiros e monetários ganharam espaço sobre os fluxos de bens e serviços internacionais em valores bastantes expressivos. Esse fato encontra-se representado nos balanços de pagamentos: a conta capital e financeira é sobejamente superior à conta dos bens e serviços transacionados internacionalmente. Desse modo, a taxa de câmbio como mecanismo de proteção ao mercado doméstico associado as tarifas *ad valorem* aplicadas contra a competição externa vem perdendo importância diante dos ajustamentos macroeconômicos requeridos pela taxa de câmbio.

8.4.6 Rendimentos e Taxa de Cambio

As taxas de juros variam entre países e os investidores internacionais procuram aquelas que fornecerem maiores rendimentos. Entretanto, para comparar o retorno efetivo é necessário avaliar a mudança esperada na taxa de câmbio, durante o período da aplicação financeira. Tanto a taxa de câmbio quanto a taxa de juros são regidas pela liquidez das economias. Um aumento na taxa de juros pode decorrer de uma contração na liquidez e em uma apreciação da moeda nacional em relação às demais. O inverso também é verdadeiro: maior liquidez pode acarretar uma depreciação da moeda nacional. Claro que variações na liquidez dos demais países também afetam o mercado cambial referenciado no sentido contrário.

Uma fórmula básica para avaliar os fluxos de moedas nos mercados cambiais é fazer a seguinte comparação entre os retornos *(R)* em vários mercados internacionais *(i)*.

$$R^i = (e^i_t/e^i_{t+1})\,(1 + j^i)$$

Sendo;

j = juros;

(e^i_t/e^i_{t+1}) = depreciação ou apreciação cambial;

(t) = data de entrada do depósito estrangeiro;

$(t + 1)$ = data de saída do depósito estrangeiro;

e = taxa de câmbio; e,

i = países.

Os países de maiores retornos são atraentes ao capital internacional e podem, por isso, reter elevados passivos em seus balanços de pagamentos.

Apesar da aparente simplicidade da equação acima, para o investidor decidir seu portfólio de aplicações financeiras, ela encerra argumentos bastantes sensíveis para a explicação dos fluxos nos mercados cambiais. Não somente as expectativas com respeito à taxa de apreciação cambial no tempo são consideradas, mas também a estabilidade econômica do país, geralmente avaliado por empresas que classificam o risco de crédito dos mesmos. Como vimos anteriormente, essa atribuição ficava por conta do FMI no passado. Atualmente, as três principais agências de renome internacional que graduam o risco de um país, dentre várias, são a *Standard & Poor, Fitch* e *Moody's*, cada qual com metodologias diferentes de avaliação.

De fato, a variável desconhecida na equação acima é justamente a taxa de câmbio no futuro, no ato de conversão dos rendimentos em moeda nacional para moeda estrangeira. Os investidores podem, contudo, utilizar também o mecanismo de *hedge*, contratando de modo conjunto tanto os juros quanto a taxa de câmbio no mercado futuro, para a data que eles estimam sair do mercado doméstico, sem perdas.

9.
Exercícios

1. **POR QUE AS PESSOAS OPTAM POR MANTER** uma parte de sua riqueza sob a forma de dinheiro?
2. O governo de um país manteve sua dívida pública crescente durante o seu mandato.

   a. De onde virá os recursos para o pagamento desta dívida?
   b. Relacione motivos que levaram o governo a se endividar?
   c. Quem é (são) o(s) credor(es) ?
   d. O PIB dessa economia aumentou ou diminuiu com essa política de endividamento (justifique)?

3. O governo recompra títulos de dívida pública no valor de R$1000,00. Os encaixes bancários representam 50% dos depósitos à vista nos bancos comerciais. Estime a expansão nos meios de pagamentos (M_1).
4. Quais os efeitos esperados nos agregados macroeconômicos: renda, investimentos, poupança, importação, exportação e PIB quando a propensão marginal a consumir de um país diminui drasticamente?
5. Comente: A carga tributária do Brasil é uma das maiores do mundo: superior a 40% do PIB, atualmente. Contudo isso não é tão relevante para o bem-estar da população como o é para o crescimento econômico, uma vez que ela representa parcela do excedente econômico.
6. Qual a diferença entre taxa de juros real e nominal? É possível existir taxa de juros real negativa?
7. Quais são as funções da moeda?

8. Pode-se afirmar que os impostos pagos são na verdade parcelas do excedente econômico?

9. Como são formadas as taxas de juros de curto e longo prazo?

10. Como convertemos valores nominais em valores reais? Dê exemplos.

11. Descreva como um aumento na taxa de juros afeta, justificando sua resposta:

   a. a expansão do parque industrial;
   b. a venda de imóveis residenciais novos;
   c. a aquisição de bens duráveis de consumo;
   d. os gastos cotidianos (alimentação, transporte, cinema, etc.);
   e. o lazer familiar;
   f. os gastos com a saúde.

12. Para a renda nacional crescer é mais conveniente destinar recursos à recuperação da malha rodoviária (operação tapa-buraco) em vez de fortalecer o programa Bola Família. Justifique, de preferência usando os multiplicadores macroeconômicos.

13. O Brasil comporta elevados índices de pobreza e elevada concentração de renda. No entanto ele figura como uma economia bastante expressiva quando mensurada pelos indicadores convencionais de produto e renda. Como podemos explicar essa situação aparentemente contraditória?

14. Numa economia capitalista, quem oferta crédito é o sistema financeiro. Contudo o governo tem a capacidade de afetar a quantidade total de crédito em um dado período. Explique quais os mecanismos existentes para controlar a quantidade de dinheiro e credito na economia.

15. Explique a construção de:

   a. PIB a preços de mercado;
   b. Valor Adicionado.

16. Qual a diferença entre o conceito de riqueza e valor econômico?

17. Foi aprovada uma lei que altera as alíquotas do imposto de renda da pessoa física. A ideia é reativar a economia através da redução do imposto de renda das pessoas de menor renda e penalizar os de maior renda. Esse plano faz sentido?

18. Qual a importância da função consumo, formulada por Keynes, para as políticas econômicas governamentais?

19. Faz alguma diferença para a variação na renda de um país se ela for causada por aumento nos investimentos autônomos ou por um aumento nas exportações?

20. Uma economia tem uma propensão marginal a consumir de 0,4. Um acréscimo de 100 milhões de reais nos investimentos gerará um acréscimo de quanto na renda de equilíbrio da economia? Se o mesmo acréscimo for derivado de um aumento das exportações qual será o acréscimo na renda? Suponha agora que a propensão marginal a importar seja de 0,2. Qual será o acréscimo no nível de renda nas duas situações?

21. Marque entre os itens abaixo aqueles que são considerados para a formação da Renda Nacional.

( ) Despesas com a produção de carros novos.

( ) Despesas com a produção de carros novos não vendidos.

( ) Despesas com propaganda e corretagem na venda de imóveis usados.

( ) Gastos das famílias em bens e serviços.

( ) Investimentos das empresas em bem-estar social.

( ) Despesa familiar com lazer.

( ) Pagamento de matérias-primas utilizadas na produção.

( ) Tempo gasto em engarrafamentos de trânsito.

( ) Ganhos de vendedores ambulantes em engarrafamentos de trânsito.

( ) Juros pagos embutidos nos títulos governamentais.

( ) Trabalhos informais como os das donas de casas e vendedores ambulantes.

( ) Despesas com educação e assistência médica.

22. Qual a distinção entre economia positiva e economia normativa?

23. Conceitue:

24. excedente econômico;

a. juros;
b. meios de pagamento.

25. Comente a afirmativa: os processos inflacionários têm componentes políticos mais relevantes do que econômicos.

26. Alguns autores sustentam que o Brasil teve uma industrialização retardatária. Como essa argumentação pode ser explicada?

27. Os bancos comerciais mantêm um encaixe em moeda corrente igual a 20% dos seus depósitos à vista. O Banco Central faz uma emissão de moeda no valor de 100 unidades. Estime a expansão dos meios de pagamentos (M_1) após essa emissão, considerando que todos os pagamentos sejam efetuados pelo sistema bancário.

28. Quando o balanço de pagamento apresenta um *déficit* persistente no saldo em conta corrente, o quê se pode afirmar que esteja ocorrendo na economia doméstica, em termos de investimento, poupança, orçamento de governo e demais variáveis?

29. Assinale nas operações listadas as letras correspondentes: (a) as que criam meios de pagamento, (b) as que destroem meios de pagamento e (c) aquelas em que nada se pode afirmar sobre a variação dos meios de pagamentos.

   ( ) Um banco comercial desconta uma duplicata de uma sociedade de economia mista.

   ( ) Um banco comercial adquire outro.

   ( ) Compra de títulos de dívida pública pela sociedade.

   ( ) O Banco Central converte em Letras do Tesouro Nacional o recebimento em dólares das exportações, pagando o produtor doméstico exportador com esses títulos.

   ( ) Privatização das empresas estatais.

   ( ) Abertura de uma conta corrente no banco comercial.

   ( ) Contratação de um empréstimo junto ao banco.

   ( ) Aquisição de um título de renda fixa junto ao sistema financeiro.

   ( ) Retirada de dinheiro junto ao caixa eletrônico do banco.

   ( ) Compra de um automóvel por meio de cartão de crédito.

30. Os indivíduos poupam para consumirem mais no futuro. Essa afirmativa é válida?

31. Como se constrói um índice (qualquer) que permita transformar os valores nominais em valores reais na economia?

32. Explique o processo de criação dos meios de pagamento através dos bancos.

33. Em um artigo escrito na década de 1930, Kalecki sugere que no capitalismo "os trabalhadores gastam o que ganham e os capitalistas ganham o que gastam". Explique essa afirmativa e se possível, consi-

dere o desenvolvimento da economia brasileira a partir de 1968 para exemplificar sua resposta.

34. Faz alguma diferença para a variação na renda de um país se ela for causada por aumento nos investimentos autônomos ou proveniente das exportações?

35. É certo afirmar que a depreciação da moeda nacional em relação às moedas estrangeiras (R\$/US\$) reduz o poder de compra dos salários?

36. O governo resolveu reduzir as alíquotas dos impostos ao consumidor (IPI e ICM) para um conjunto de produtos considerados bens de consumo duráveis (automóveis e os contidos na linha branca como geladeira, máquina de lavar e outros) como medida para atenuar os efeitos propalados por uma crise econômica. Avalie essa medida em termos econômicos e discuta por que ela não foi estendida aos demais produtos.

37. Demonstre a relação existente entre as taxas de juros e de câmbio. Dica: utilize a variação dos meios de pagamento e trabalhe com a ideia de curto prazo.

38. Explique por que a totalidade dos meios de pagamento são superiores a totalidade quantitativa de moeda física.

39. O governo do país Formiga resolveu aplicar um programa de aceleração do crescimento gastando parte de sua arrecadação tributária em obras de infraestrutura no montante de 100 milhões de unidades monetárias. O governo do país vizinho, Cigarra, decidiu subsidiar os mais pobres por meio de programas assistenciais no valor de 100 milhões de unidades monetárias. As estatísticas oficiais mostram que a propensão marginal a poupar em cada um desses países é igual a 0,6. Ao final do processo de gastos governamentais qual será o acréscimo de renda de equilíbrio em Formiga e Cigarra?

40. A elevação dos gastos governamentais em Formiga pressionou as importações. Qual foi a redução da renda causada pela sua propensão marginal a importar de 0,2?

41. Indique para as variáveis abaixo, a expectativa de variação (aumenta, reduz, nada acontece) quando a taxa de juros diminui:

    a. procura por moeda pelo motivo de especulação;
    b. renda nacional;
    c. procura por moeda pelo motivo de precaução;

d. meios de pagamento;

e. poupança;

f. exportações;

g. taxa de câmbio R$/US$.

h. procura por moeda pelo motivo de transação

42. Conceitue utilizando a estrutura do Balanço de Pagamentos.

a. saldo em conta corrente do Balanço de Pagamentos;

b. passivo externo.

c. reservas internacionais

43. Na economia atual, o sistema financeiro é quem oferta grande parte do crédito destinado à sociedade. No entanto o governo pode influenciar a capacidade dos bancos ofertarem créditos por vários motivos. Apresente motivo (s) para isso e a funcionalidade de alguns instrumentos utilizados para influenciar a capacidade bancária de prover crédito para a sociedade.

A renda de um país aumenta com investimentos e exportações. O impacto no crescimento da renda será maior em qual das duas situações?

44. Avalie os efeitos na variação dos meios de pagamento (M_1) por conta das seguintes alterações:

a. aceitação generalizada de cartões de crédito;

b. eminente colapso do governo;

c. elevação da taxa de juros;

d. aumento das expectativas inflacionárias;

e. elevação dos juros dos cartões de crédito;

f. pagamento salarial que era mensal passa ser quinzenal;

g. maior emissão monetária;

h. recompra de títulos de dívida pública pelo Banco Central;

i. o emprego de um maior número de caixas nos bancos;

45. O que aconteceria no PIB, se o governo decidisse acabar com o subsídio denominado Bolsa Família e contratasse os beneficiados como funcionários públicos pagando-lhes a mesma quantia do benefício?

46. Comente: "A função consumo formulada por Keynes é bastante útil para as formulações de políticas econômicas que objetivam o crescimento econômico, mas têm pouca serventia para a formulação de políticas direcionadas para a estabilização econômica".

47. Faz alguma diferença para a variação da renda de um país se ela for causada por aumento nos investimentos governamentais ou por aumento nas transferências governamentais de cunho assistencialista (tipo Bolsa Família)?

48. Assinale com um X, dentre as opções abaixo, aquelas que indicam a possibilidade de existência de déficit público, justificando sua resposta:

( ) Os gastos do governo são superiores à arrecadação tributária.

( ) Os investimentos são inferiores à poupança doméstica.

( ) A variação das reservas internacionais foi negativa.

( ) A variação das reservas internacionais foi positiva.

( ) A poupança doméstica é insuficiente frente ao montante de investimento.

( ) O consumo das famílias aumentou.

49. Que conclusões podemos extrair quando o saldo em conta corrente do Balanço de Pagamento apresenta-se deficitário?

50. Quais os possíveis resultados que encontraremos se somarmos todos os valores em linha dos balanços de pagamentos de todos os países?

51. Descreva um processo de esterilização dos efeitos monetários do balanço de pagamento.

52. Que conclusões podemos extrair quando o saldo na conta financeira e de capital do balanço de pagamento apresenta-se positivo?

53. Preencha o espaço entre parênteses dos itens da coluna B com os respectivos números dos itens da coluna A, quando a associação for verdadeira.

COLUNA A	COLUNA B
1. Produto líquido	( ) Contabilidade Nacional
2. Força de trabalho e recursos naturais	( ) Custo do dinheiro
3. Excedente econômico	( ) Fatores de Produção
4. Mensura o valor de bens e serviços	( ) PIB — depreciação

COLUNA A	COLUNA B
5. Meios de pagamento	( ) Além do necessário à reprodução social
6. Taxa de juros	( ) Banco Central
7. Multiplicador bancário	( ) Preço do dinheiro
8. Propensão marginal a poupar	( ) Papel-moeda em poder do público + Depósitos à vista nos bancos comerciais
9. Não entra diretamente na contabilidade do PIB	( ) Saldo positivo em conta corrente do Balanço de Pagamentos
10. Demanda por moeda para compras cotidianas	( ) O inverso da alíquota de encaixe bancário
11. Fornece crédito à sociedade	( ) propensão marginal a consumir
12. Executa a política monetária	( ) Sistema bancário
13. Renda dos imigrantes	( ) Proporção constante do nível de renda no curto prazo
14. Sistema Especial de Liquidação e Custódia	( ) Renda enviada ao exterior
15. Transferências unilaterais	( ) SELIC
16. Reserva de valor	( ) Função da moeda
17. Posição credora de um país	( ) Conta típica de doações no Balanço de Pagamentos
18. Exportação e importação	( ) Balança Comercial
19. Demanda por moeda para especular	( ) Impostos diretos e indiretos
20. Títulos de dívida pública	( ) Produtividade
21. Carga tributária	( ) Gastos do governo Receita tributária
22. Salário	( ) Poupança
23. Padrão monetário conversível	( ) Moeda lastreada em metais
24. Renda-consumo	( ) função da taxa de juros
25. Bens e serviços finais	( ) Produto interno

54. Descreva um processo de ajustamento automático do Balanço de Pagamentos.

55. Descreva uma política econômica consistente para aumentar as reservas internacionais.

56. Descreva os instrumentos tradicionais de política monetária e seus impactos na economia do país.

57. Qual o sentido da variação da taxa de câmbio (R$/US$) quando os meios de pagamento aumentam?

58. Quais serão provavelmente os impactos na economia doméstica decorrentes de uma política que preserve ou aumente as reservas internacionais?

59. Dentre os itens abaixo, marque com um X aqueles que podem ser considerados instrumentos de política monetária:

( ) controle do salário mínimo;

( ) obrigatoriedade de fornecimento de vale-refeição pelo empregador;

( ) encaixes compulsórios no Banco Central;

( ) taxa de redesconto;

( ) prover fundos para a ciência e tecnologia;

( ) prover fundos assistencialistas, como o Bolsa Família;

( ) operações de mercado aberto;

( ) manipular o câmbio;

( ) controlar a entrada dos investimentos externos diretos (IED);

( ) fiscalizar operações fraudulentas entre bancos e o setor privado.

60. Quais os efeitos que a variação da taxa de juros pode exercer nos gastos correntes das famílias?

61. O que ocorre com a taxa de câmbio (R$/US$), mantendo-se tudo o mais constante, quando os meios de pagamento aumentam?

62. Qual a variação esperada nas reservas internacionais quando os gastos do governo são crescentes? Justifique.

63. Dentre os itens abaixo, quais podem ser considerados como função da moeda:

a. tecnologia;

b. vale-refeição;

c. dinheiro de plástico;

d. bilhete do metrô;

e. obras de arte;

f. títulos de dívida pública.

62. Quando a taxa de juros do país aumenta, mantendo tudo o mais constante, o que acontece com as seguintes variáveis econômicas listadas abaixo?

    a. Nível das reservas internacionais do país.
    b. Relação R$/US$.
    c. Preços domésticos.
    d. Poupança nacional.
    e. Emprego.

63. Explique a incompatibilidade entre o aumento dos gastos governamentais e o aumento do saldo em conta corrente do Balanço de Pagamentos, mantendo-se tudo o mais constante.

64. Explique porque os meios de pagamento representam um múltiplo da oferta física de moeda.

65. Descreva os multiplicadores dos investimentos e das transferências governamentais e explique por que os seus impactos na renda de equilíbrio da economia são diferentes.

66. Quais os componentes do Balanço de Pagamentos que contribuem diretamente para formar o Saldo em Conta Corrente?

67. Entre a moeda Real e o Dólar, aceitamos que este último vale mais do que o primeiro, ou pelo menos que tem maior aceitação por todos. Por que isso ocorre?

68. Qual o sinal esperado das variáveis abaixo quando a oferta monetária aumenta, mantendo-se todas as outras variáveis constantes?

    a. Procura por moeda pelo motivo de transação.
    b. Procura por moeda pelo motivo de especulação.
    c. Procura por moeda pelo motivo de precaução.
    d. Preços.
    e. Renda nacional.
    f. Crédito na economia.
    g. Emprego.

69. Assinale V para as sentenças verdadeiras e F para as falsas:

    (   ) Os investimentos governamentais como proporção do PIB tendem a ser mais elevados nas sociedades pobres em relação às sociedades ricas.

( ) Gasto adicional do governo em assistência social de R$200,00 em uma comunidade cuja propensão marginal a consumir é igual a 0,5, mantendo tudo o mais constante, gera um impacto na renda de equilíbrio de valor superior a esse gasto adicional.

( ) O princípio "a oferta cria sua própria demanda" formulado pelo economista J. M. Keynes estabelece que a oferta das empresas é função, dentre outras variáveis, das expectativas de gasto das famílias.

( ) Para Kalecki o setor produtor de bens de capital contribui mais para o crescimento da renda do que o setor produtor de bens de consumo não duráveis.

( ) A procura por dinheiro para especular depende da taxa de juros.

( ) A propensão marginal a poupar tende a ser mais elevada nas sociedades pobres em relação às sociedades ricas.

( ) Para Kalecki a dinâmica do sistema capitalista é atribuída ao comportamento do setor produtor de Bens de Capital.

( ) Os movimentos cíclicos na economia são determinados pelas elevações salariais que dificultam o crescimento econômico.

( ) Não há diferença quantitativa se o crescimento da renda decorre de um aumento dos investimentos privados ou de um aumento das exportações.

( ) A propensão marginal a consumir tende a ser mais elevada nas sociedades ricas em relação às sociedades mais pobres.

( ) Gasto adicional de R$200,00 em assistência social em uma comunidade cuja propensão marginal a consumir é igual a 0,8, mantendo tudo o mais constante, gera um impacto na renda de equilíbrio de R$800,00.

( ) O princípio da demanda efetiva formulado por Keynes estabelece que a oferta das empresas é função, dentre outras variáveis, das expectativas de gasto das famílias.

( ) Para Kalecki a dinâmica do sistema capitalista é totalmente determinada pelo setor produtor de bens de consumo não duráveis.

( ) Os movimentos cíclicos na economia são determinados pelas reduções salariais que acompanham o crescimento econômico.

( ) Um montante de investimentos privados contribui mais para crescimento da renda do que o mesmo montante auferido com exportações.

( ) O aumento nos empréstimos dedicados ao governo hoje requererão maiores impostos para pagar a Dívida Pública no futuro.

( ) Os bancos em uma economia adotam em geral um encaixe voluntário de 20% em relação aos depósitos à vista e o governo determina um encaixe compulsório de 20%. A expansão estimada nos meios de pagamento por conta de subsídios aos agricultores no valor de R$1.000,00 foi de R$2.500,00.

( ) Um título do governo brasileiro tem menor aceitação do que um título do governo norte-americano.

( ) A compra de moeda nacional por não residentes do país significa um movimento especulativo contra o país.

( ) O montante de dinheiro para adquirir bens de consumo independe da taxa de juros. Já o dinheiro para especular e se precaver das incertezas quando ao futuro, não.

( ) Na composição das taxas de juros o tempo é variável indispensável para sua determinação já que os retornos das aplicações financeiras estão associados à criação de excedente econômico no futuro.

( ) Uma elevação da renda disponível propicia um aumento do consumo ou da poupança.

( ) Aumento nos impostos indiretos reduz o consumo dos bens respectivos, mas aumenta inequivocamente a arrecadação tributária.

( ) Uma expansão dos meios de pagamentos aprecia as moedas estrangeiras em relação à moeda nacional, aumentando por conseguinte a taxa de juros doméstica.

( ) Somente as empresas estatais e os bancos comerciais podem ter conta bancária no Banco Central.

( ) Define-se o volume de meios de pagamento como a quantidade de moeda física na economia.

( ) Restrição ao crédito doméstico aumenta as reservas internacionais do respectivo país.

( ) Quanto menor a taxa de depósito compulsório estabelecida pelo Banco Central maior será a liquidez da economia.

( ) Quando o Banco Central resgata títulos de dívida pública ele está criando meios de pagamentos.

( ) Subsídios governamentais distorcem preços.

( ) Com a inflação todos perdem, ninguém ganha.

( ) Quando a taxa de juros aumenta, a disposição da sociedade em postergar o consumo de hoje em favor do consumo futuro se apresenta com mais vigor.

( ) Nas operações de empréstimos as taxas de juros cobradas não refletem os riscos da operação.

( ) As ações negociadas nas bolsas de valores não sofrem influências das taxas de juros.

( ) Aumento na oferta monetária sem o correspondente aumento na oferta de bens e serviços da economia pode promover pressões inflacionárias.

( ) Os bancos centrais são especializados em operações de longo prazo, principalmente no financiamento de bens de produção e capital de giro das empresas.

( ) As operações de mercado aberto *(open market)* executadas pelo Banco Central afetam a liquidez da economia, pois aumentam ou diminuemos meios de pagamentos.

( ) Uma redução nos encaixes compulsórios reduz a oferta de crédito na economia.

( ) Uma expansão dos meios de pagamentos deprecia as moedas estrangeiras em relação à moeda nacional, diminuindo por conseguinte a taxa de juros doméstica.

( ) Impostos distorcem preços.

( ) Para Keynes a preferência pela liquidez da sociedade determina o valor da moeda.

( ) Uma oferta monetária maior tende a apreciar a moeda nacional no curto prazo em relação às moedas estrangeiras.

( ) Existe no curto prazo uma relação inversa entre a taxa de juros e a taxa de câmbio (R$/US$).

( ) Quando a demanda agregada se expande é razoável supor que as importações aumentem.

( ) Somente os fundos de pensão e entidades governamentais podem ter conta bancária no Banco Central do Brasil.

( ) É certo que um processo inflacionário causa depreciação da moeda nacional e com esta situação somente os investidores estrangeiros ganham.

( ) Elevação dos juros propicia maior quantidade de reservas internacionais elevando o emprego na economia.

( ) Os impostos indiretos distorcem os preços causando efeitos na distribuição da renda e na alocação dos recursos na economia.

( ) Um processo generalizado de corrupção em uma nação não interfere no ambiente econômico.

( ) A demanda por investimentos cruzada com os fundos de poupança fixa a taxa de juros na visão dos economistas clássicos.

( ) Política monetária restritiva reduz no curto prazo a atividade econômica do país.

( ) Uma depreciação da moeda nacional em relação às demais pode estimular o setor exportador da economia, mas também pode afugentar os capitais estrangeiros.

( ) Keynes preconizou na primeira metade do século passado a necessidade do Estado ter uma maior intervenção no mundo econômico.

( ) Os economistas da escola clássica consideravam os preços rígidos justamente porque a moeda era entendida por eles somente um meio de troca.

( ) Para a contabilidade empresarial os salários são considerados como custo direto. Já para a macroeconomia são considerados como poder de compra.

( ) A grandeza da demanda efetiva depende, dentre outras variáveis, da expectativa de obtenção de lucros dos empresários.

( ) Quando os gastos públicos excedem a arrecadação tributária em determinado país, a solução é o governo se financiar junto aos bancos centrais de outros países.

( ) Os indivíduos poupam porque o homem é precavido por natureza.

( ) Não há motivação para os indivíduos pouparem. Eles o fazem porque sobra dinheiro.

( ) Para que o investimento se realize é necessário uma poupança prévia.

( ) O PIB em um período é o resultado de investimentos naquele período.

( ) Uma maior oferta monetária tende a apreciar a moeda nacional no curto prazo em relação às moedas estrangeiras.

( ) A demanda por recursos para investimentos cruzada com os fundos de poupança estabelece a taxa de juros na visão dos economistas clássicos.

( ) O PIB de um país aumenta quando o governo vende uma empresa estatal.

( ) O PIB de um país aumenta quando crescem as vendas de carro usados.

( ) A diferença do PIB a preços de mercado e a custo de fatores dá uma ideia do grau de intervenção do governo na economia.

( ) O aumento do PIB de um país significa que há uma melhora no bem-estar da população.

( ) Um *déficit* em conta corrente do Balanço de Pagamentos pode ser causado por um *déficit* público.

70. Marque a(s) alternativa(s) correta(s): "uma política expansionista da oferta monetária pode contribuir para":

( ) reduzir a taxa de juros real;

( ) aumentar os preços dos bens e serviços;

( ) depreciar a moeda nacional frente às moedas estrangeiras;

( ) nenhuma das alternativas.

71. Quais os motivos que tornam a taxa de juros praticada no Brasil maior do que a praticada nos Estados Unidos e Japão, por exemplo.

72. Informe se aumentam, diminuem, ou ficam constantes as variáveis listadas abaixo, por conta de um aumento da oferta monetária, mantendo-se tudo o mais constante.

a. Procura por moeda pelo motivo de transação.

b. Procura por moeda pelo motivo de especulação.

c. Preços.

d. Renda nacional.

e. Crédito na economia.

f. Emprego.

73. Qual o efeito esperado na taxa de juros e de câmbio quando a oferta monetária diminui, mantendo-se tudo o mais constante?

74. Pedro, o padeiro, compra a farinha de trigo no valor de 300 reais e ganha 1000 reais com o resultado da venda do pão que produz. Durante esse período o equipamento da padaria se desgasta em 100 reais. Os tributos alcançam o montante de 80 reais, em impostos de produção (IPI) e em impostos sobre venda (ICMS). Do que o padeiro obtém, uma vez pagos os impostos, 200 reais constituem um fundo de reserva para adquirir novos equipamentos no futuro e 180 reais são dedicados ao pagamento de imposto de renda. Com base nestas informações calcule os seguintes agregados econômicos dessa economia:

☐ PIB.
☐ PNB.
☐ PIL.

75. Explique por que um aumento do imposto de renda reduz o impacto dos investimentos privados e gastos do governo na formação da renda de equilíbrio. Utilize o conceito de multiplicador keynesiano para formular sua resposta.

76. Quando os gastos do governo em um determinado período são superiores à arrecadação tributária, mantendo-se tudo o mais constante, que resultado deverá apresentar o saldo em conta corrente do Balanço de Pagamentos e quais as consequências desse resultado?

77. Quais características de um ativo que o tornam útil como meio de troca? E como reserva de valor?

78. Quais são as rubricas que compõem o saldo em conta corrente do Balanço de Pagamentos? Quando este saldo se apresenta positivo em um exercício, qual a posição do país em relação ao resto do mundo?

79. Uma expansão da oferta norte-americana do dólar pode causar efeitos na economia brasileira, já que os mercados estão fortemente integrados mundialmente. Descreva os possíveis efeitos e qual deveria ser a política monetária adotada no Brasil para anulá-los.

80. Por que geralmente o impacto na renda decorrente de um investimento é maior nas economias em desenvolvimento do que nas economias desenvolvidas?

81. Entre as alternativas a seguir assinale as que podem ser consideradas meios de pagamento (M_1).

( ) Uma nota de 100 dólares.

( ) Os títulos de dívida pública.

( ) Os créditos fornecidos pelos bancos

( ) Saldos em conta corrente no sistema bancário.

( ) Dinheiro reservado de liquidez imediata para especular.

( ) Um automóvel.

( ) As ações da empresa Mesadinha de Todos SA no valor de R$7,00.

Imagine que a taxa de retorno dos ativos financeiros no Brasil no período $(t + 1) - t$ seja igual a 14%. A taxa cambial (R$/US$) no tempo t é igual a 2 e estima-se com segurança que ela será no tempo $(t + 1)$ igual a 3. O rendimento dos depósitos nos Estados Unidos no período considerado é de 2%. Demostre como o investidor norte-americano toma decisões com respeito a aplicar seu dinheiro no Brasil ou nos Estados Unidos, considerando somente essas informações.

82. Assinale as sentenças que podem ocasionar déficit no saldo em transações correntes do Balanço de Pagamentos, mantendo-se tudo o mais constante.

( ) Expansão da renda nacional.

( ) Política fiscal expansionista.

( ) Autossuficiência em petróleo.

( ) Política monetária expansionista.

( ) Elevação da taxa de juros desestimulando os investimentos.

( ) Elevação da renda nacional dos nossos principais parceiros comerciais.

( ) Fraqueza dos sindicatos trabalhistas levando os salários a perderem poder de compra.

( ) Aumento da produtividade sem o correspondente aumento salarial.

( ) Elevação nos gastos com a importação de serviços pelos residentes.

( ) Obras dedicadas a promover os jogos olímpicos no país.

83. Observe as afirmativas:

I. A elevação das taxas de juros é um expediente que resulta em maiores reservas cambiais.

II. Quando o governo gasta mais do que arrecada em tributos ele pode se financiar utilizando reservas internacionais depositadas no Banco Central.

III. Quando a produtividade da economia aumenta, o país passa a importar mais serviços do que bens.

Com base nelas, assinale a alternativa correta:

a. Somente a alternativa I é correta;
b. Somente a alternativa II é correta;
c. Somente a alternativa III é correta;
d. As alternativas I e III são corretas;
e. Nenhuma das alternativas está correta.

84. Você agora é Ministro da Fazenda. Parabéns! Sua primeira missão é manter os gastos governamentais em linha com a arrecadação tributária, uma vez que estavam excessivamente altos. Descreva a política econômica que você adotará e quais os efeitos esperados no a) nível de emprego; b) no produto e c) no saldo das contas externas.

85. Justifique, em termos macroeconômicos a existência de juros e como é possível a realização do pagamento da dívida contraída, uma vez que ela se torna superior ao empréstimo efetuado justamente no montante determinado pela taxa de juros.

86. Comente as seguintes proposições:

I) O PIB de um país aumenta quando o governo vende uma empresa estatal.

II) O PIB de um país aumenta quando crescem as vendas de carros usados.

III) Inovação tecnológica que seja poupadora de mão-de-obra diminui o PIB do país já que diminui a massa salarial.

IV) O aumento do PIB de um país significa que há uma melhora no bem-estar da população.

V) Países com um grande número de empresas no exterior provavelmente apresentam um PIB menor que o PNB.

VI) O governo incentiva a aquisição de bens novos, pois estes dão mais satisfação aos consumidores do que os bens usados.

VII) Inovação tecnológica bem-sucedida aumenta a produtividade do trabalho impactando significativamente a renda do país.

VIII) Renda e riqueza são conceitos distintos em economia.

IX) A riqueza não traz felicidade.

10.
Referências

BANCO CENTRAL, *Cartilha de Câmbio*, Área de Regulação, Departamento de Regulação Prudencial e Cambial, 2018.

_____, *Índice de Preços no Brasil*, Série Perguntas Frequentes, 2012.

_____, *Relatório do Banco Central do Brasil*, 2010.

BLANCHARD, O. *Macroeconomia*, Editora Campus, 2001.

CARVALHO, F. J. C. *et al. Economia Monetária e Financeira*, Rio de Janeiro, Campus, 2001.

CASTELLS, M. *Sociedade em Rede*, Paz e Terra, 2001.

DORNBUSCH, R. *La Macroeconomia de uma Economia Abierta*, Ed. Antoni Bosch, Barcelona, 1981.

FISHER, I. *The Theory of Interest as Determined by Impatience to Spend Income and Opportunity to Invest it*; New York, Macmillan, 1930.

FRIEDMAN, M. *Quantity Theory of Money, In. The New Palgrave Dictionary of Money e Finance.*, London, Macmillan, 1987.

_____. *The Role of Monetary Policy, In. The American Economic Review, vol. 58, nº 1, mar.* 1968.

. *Theory of the Consumption Function. Princeton University Press*, 1957.

GIANNET, E. *O Valor do Amanhã*, Companhia das Letras, 2005.

GORDON, R. *Is the US Economic Growth Over?*, In. *CEPR Policy Insights*, nº 63, set. 2012

_____. *What is New-Keynesian Economics?*, In. *Journal of Economic Literature*, vol. 28, set. 1990.

GREENWALD, B.; STIGLITZ. *New Keynesian and New Classical Economics. In. Oxford Economic Papers, vol.39, nº 1, mar.* 1987.

HALL, R.; CHARLES, I. *Why do Some Countries Produce so Much More Output than Others, In. Quartely Journal of Economics, nº 114*, 1999.

HARARI, Y. N. *Homo Deus: uma Breve História do Amanhã*, Companhia das Letras, São Paulo, 2016.

_____. *Uma Breve História da Humanidade*, L&PM, Porto Alegre. 2015.

HAYEK, F. *The Denationalization of Money*, Institute of Economic Affairs, 1976.

HICKS, J. R. *Mr. Keynes and the "Classics": a Suggested Interpretation. In. Econometrica, vol. 5, nº 2*, 1937.

IBGE, *Notas Metodológicas*, 2008.

KALECKI, M. *Teoria da Dinâmica Econômica*, Coleção Os Economistas, São Paulo, Abril Cultural, 1984.

KEYNES, J. M. *A Treatise on Money*, vol. 1, MacMillan, 2009.

_____. *Teoria Geral do Emprego, do Juro e da Moeda*, Abril Cultural, Coleção Os Economistas, São Paulo, 1983.

KOPENAWA, D. *A Queda do Céu*, Ed. Companhia das Letras, 2015.

KRUGMAN, P.; OBSTFELD, M. *Economia Internacional*, São Paulo, Person, 6ª edição, 2005.

LUCAS, R. E.; SARGENT, T.; *After Keynesian Macroeconomics, In. Quarterly Review, Ed. Federal Reserve Bank of Minneapolis, vol. 3, nº 2*, 1979.

LUCAS, R. E. Some International Evidence on Output-inflation Trade-offs. In. *American Economic Review*, vol. 63, nº 3, 1973.

_____. *Expectations and the Neutrality of Monetary, In. Journal of Economic Theory*, vol. 4, nº 2, 1972.

MALTHUS, T. *An Essay on the Principle of Population*, Rio de Janeiro, Saravaia, 2019.

MARX, K. *O Capital: Crítica a Economia Política*, vol. 1, Coleção Os Economistas, São Paulo, Abril Cultural, 1984.

_____. *O Capital*, Livraria Ciências Humanas, livro 1, capítulo 6, inédito, 1978.

MIGLIOLI, J. *Acumulação de Capital e Demanda Efetiva*, Biblioteca Básica de Ciências Sociais, vol. 2, 1ª Ed., São Paulo, T. A. Queiroz, 1991.

ORAIR, R. O. et al. *Política Fiscal e Ciclo Econômico: uma análise baseada em multiplicadores do gasto público.* In XXI Prêmio Tesouro Nacional, 2016.

OXFAM. *Resumo Executivo*, disponível em < https://www.oxfam.org.br/sites/default/files/economia_para_99-sumario_executivo.pdf>, jan. 2017.

PIKETTY, T. *O Capital no Século XXI*, Intrínseca, Rio de Janeiro, 2014.

RICARDO, D. *Principles of Political Economy and Taxation*, Nova Déli, Atlantic, 2010.

SHAPIRO, E. *Macroeconomics Analysis*, Nova York, Harcourt, Brace & Word, Inc, 1966.

SICSÚ, J. *Keynes e os Novos Keynesianos, Revista de Economia Política*, Rio de Janeiro, vol. 19, n° 2, abr-jun., 1999.

WICKSELL, K . *Lecciones de Economia Política*, Madrid, Aguilar, 1947.

_____. *Interest and Prices: A Study of the Causes Regulating the Value of Money*, Trans. R. Kahn, New York, Augustus M. Kelley, 1898.

W. W. ROSTOW. *The Stages of Economic Growth, a non-communist manifesto*, Ed. Martino Fine Books, 1960.

Índice Remissivo